あなたも月商100万円

好きなことで起業して月商100万円
達成したい人のビジネス超解説！

とみたつづみ

みらいPUBLISHING

tsudumi

あなたも月商１００万円

◇ごあいさつ・この本について

『好きなことで起業して月商100万円』
そんなことが現実として、私にできるのか?!

こんにちは。はじめまして。この本の著者、とみたつづみです。

今この本を読んでいるあなたと同様、数年前の私も、「月商100万円なんて、現実的じゃない」、そう思っていました。そんな私も、2020年に刊行した拙著『0円集客で売上1億円』にあるように、**【売上1億円】**以上を達成することができ、私が主宰する「売上コミットアカデミー」の200名以上の受講生さんたち月商100万円以上、年商1000万円~2000万円以上をひとり起業で達成されて、利益率90%以上になっている方は、たくさんいらっしゃいます。

あなたが今、起業していたり、これから起業して成果を出していきたいなと思っているのなら、売上・利益に悩むこの本の主人公になったつもりで、読み進めてみてください。そして行動してみてください。

この本を読み終える時には、あなたも月商100万円の現実を手に入れるためにどうしたらいいのか、すぐに行動できるようになっていることでしょう♡

私、とみたつづみは今、「好きなことで起業したい」「起業しているけれど、どうやって売上を上げたらいいかわからない」……。そんなひとり起業家さんたちに、売上が上がる経営の仕方をオンラインで教えています。

好きなことで起業したけれど、売上・利益がなかなか上げられなくて、とことん悩み、辛い日々を過ごしてきた私ですが、今では0円集客で売上1億円という現実を手に入れることでき、そして、運営する「売上コミットアカデミー」の受講生さんたちもまた、売上を月商100万円以上、年商1000万円、2000万円以上という現実を、手に入れることができています。

「ホントに月商100万円なんて、私にできるんでしょうか」

受講生さんたちからのこんな質問に私が必ず答えていることは、

「大事なのは、できる、できないではなくなりたいか、なりたくないかです」。

なりたいと本気で思っているなら、そうなるために行動するのかどうか、ということだけなんです♡

かつて、

『好きなことで起業して月商100万円』
こんなことが現実として、自分ができるのか?!

そう思っていた私も、
「やりたい！　そうなりたい！　絶対叶える！」
この気持ちだけで、前に進んできました。

「月商100万円を、現実にできている人がいるんだから、私にもできるはず！」

月商100万円の現実は、ただただお金が稼げて嬉しいとか、たくさんお金があって豊かだとか、それだけではなく、

私にとっての月商100万円は、私が頑張ってきたことの証であり、達成感であり、自己肯定感を高めることができた、とても大事な経験です。

あ、もちろんお金も超大事♡

「好きなことで起業したい、起業したけれど売上が少ない」

そう悩んでいる主人公が、

「絶対成功したい！　まずは月商１００万円達成したい！」

そう覚悟を決め、一歩を踏み出したことで、どんなストーリーを経て、どんな成果を出すことができるのか。


一足先にその現実を手に入れることができた素敵な７人の女性たちの、事実に基づいたビジネス成功ストーリーを交えながら、主人公の南川景子が、経営コンサルタントの石山ゆり子に相談するところから、お話が進んでいきます。

今、がんばっている人、これからがんばりたい人は、すぐに参考にしていただけるはず！

また、この本に登場する素敵な7人の女性たちは、「売上コミットアカデミー」の実在する受講生さんたちです。

彼女たちは、月商100万円どころか、月商200万円、400万円、年商2000万円などを現実のものにすることができ、お金はもちろん、いろんな大切なものを手に入れることができました。

それは、決めたことをやり遂げる覚悟であったり、上手くいかないことにも逃げずに立ち向かい諦めずに行動することだったり、目標に向かい前に進むことによって得られた強さだったり。

そして何より、成果を出したことで達成感と自己肯定感を得ることができたことは、今後の人生において、とても大きな宝物となっています。

さぁ、次はあなたの番ですね♡

◇登場人物紹介

「好きなことで起業して月商100万円以上を安定して達成している女性起業家7人」&主人公と経営コンサルタント

この本の主人公

♡南川《みなみかわ》景子《けいこ》(36歳)

好きなことを活かして起業したいという思いで起業したものの、売上が少なく、いったいどこからどう手を付けていいのか迷走中。そんな悩みを抱えている時に、コンサルタントの石山ゆり子に相談したことから起業ストーリーが始まっていく。

経営コンサルタント

♡石山《いしやま》ゆり子《こ》（51歳）

私だからできることを、『私にもできるやり方で私らしく』を理念に、『月商100万円達成する専門家』として、たくさんの受講生さんたちを月商100万円以上に育て上げている経営コンサルタント。

見た目の華奢な雰囲気と、男性脳でロジカルな中身との差に、驚かれることもあるくらい、とにかくビジネスが大好き。自分の売上はもとより、受講生さんである顧客の売上を上げることが趣味。

7人の女性起業家たち

♡白鳥百合奈《しらとりゆりな》（27歳）

ただ痩せるだけじゃない！　人生丸ごと思い通りにハッピーに、という思いを掲げて活動する『ダイエットコーチ』として、ダイエットに悩む女性をオンラインでサポート。

たくさんの女性たちの心と身体を思い通りにハッピーにしている。

今や認定講師を育成し、協会の仕組みも作り**【年商2300万円】**に。

経営者の彼との出会いもあり、プロポーズを受け、公私ともにハッピーな人生を謳歌中。

♡杉木《すぎき》茉莉依《まりえ》（33歳）

柔らかい雰囲気と芯の強さを併せ持ち、コンサルタントになりたいとゆり子の指導を受けている『認定コンサルタント』。

ゆり子と出会い、コンサルタントの道に進むことを決意。元教員という経験から、コンサルタントのスキルものみ込みが早く、わかりやすく教えることが得意。担当する受講生さんの結果をバンバン出している優秀な認定コンサルタント。１年目から**【年商１３００万円】**を超えている。

ゆり子のビジネスパートナーとして、なくてはならない存在。

♡久本《ひさもと》幸美《ゆきみ》（39歳）

美人の見た目を裏切る、元こじらせ女子。恋愛をこじらせまくっていた過去を清算し、今は素敵なご主人との生活を謳歌中。過去の辛い恋愛経験も今やネタとなっている。

こじらせ女子の過去を強みに変えて、現在恋愛をこじらせている女性たちに向け『婚活コーチ』として、溺愛されるためのすべてをオンラインでサポート。起業1年目で【年商1000万円】。

毎日のように、受講生さんからの嬉しい報告が届いている。

♡福岡《ふくおか》佳純《かすみ》（47歳）

地方のローカル線最寄駅から徒歩20分のマンションで、毛穴が見えなくなるエステサロンを経営する『毛穴の悩み』に特化して、大成功。【年商2400万円】に。

高額コースの契約率も、常に100％で、一度彼女のサロンに行くと、病みつきになると評判のエステティシャン。今では人材育成も行っている。

典型的な亭主関白のご主人を持つ、小学生2人のママ。家事育児に忙しい毎日を送りながら、好きな美容で起業。妻としての自分、母親としての自分、そしてひとりの女性経営者として、生きがいとやりがいをもって取り組んでいる。

♡一《いち》ノ瀬《せ》みどり（36歳）

姿勢を変えることでマイナス20歳若返ることができるダイエットをオンラインで教えている『ダイエットコーチ』で**【年商1500万円】**。

彼女が一声かけスタートした本気ダイエット部は、あっという間に100名超え。産後激太りした過去から、マイナス10キロ以上のダイエットに成功した独自のメソッドを使い、オンラインでたくさんの受講生さんたちをサポート。リバウンド知らずの体型を維持できると人気が高い。

そんな人気のメソッドを広げるべく、認定コーチの育成もスタート。

♡新《しん》海《かい》涼《すず》乃《の》（43歳）

大きくなった顔を救います！　のキャッチコピーで『小顔矯正のセルフケア』をオンラインで教えている。

もともと対面で施術を行っていたが、コロナ禍を機に、完全オンライン化。**【連続月商100万円達成】**。

お客さまを小顔にすることはもちろん、インストラクターも育成。良妻賢母として、ご主人のお世話と家事、双子のお子さんの育児もこなし、家庭も円満。

♡岩《いわ》本《もと》汐《しお》音《ね》（33歳）

痛烈な結婚↓離婚から、アプリ婚活をスタート。絶対次こそは理想の結婚をする！　と心に決め、マッチングアプリで100人以上の男性と出会い、今のご主人を見つける。

過去には大手企業で営業ウーマンを経験するも、幼児を育てながらの復帰は難しいと断念。ならば起業しようと売上コミットアカデミーの門を叩く。マッチングアプリで、どうやったら理想の結婚ができるのかを体系化。

【年商1000万円】。

「尽くさず溺愛結婚」をコンセプトに、婚活に悩める女子たちに向けた『婚活コーチ』として、オンラインでサポートしている。

目次

第1章

好きなことで起業して月商１００万円達成するために一番必要なこと

第2章

月商100万円達成するための大事な順番

第3章

月商100万円達成できる集客のすべて

第4章

月商100万円達成した7人の女性起業家たちがやったこと

最終章

あなたも月商100万円達成できるカギ

第1章

好きなことで起業して月商100万円達成するために一番必要なこと

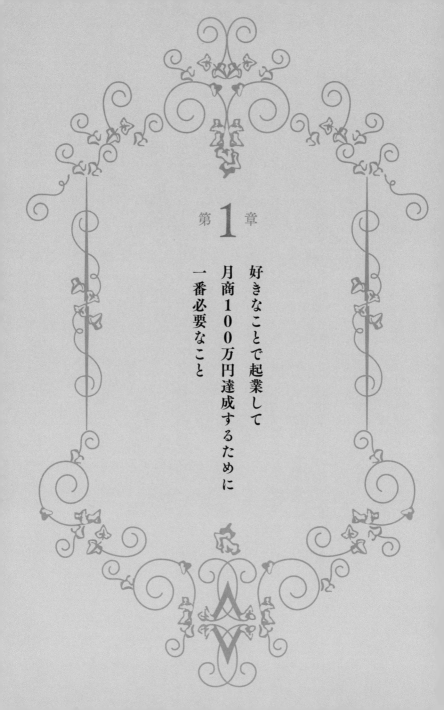

◇月商100万円達成のための基本のキ

午前7時、

「うん、今日も安定のランキング1位ね」

ベッドの中でスマホをいじりながら、アメブロ内の自分のブログのランキングをチェックすることからゆり子の一日が始まる。

「さ、起きてお弁当作ろっと」

娘のお弁当を作るのも、毎日のルーティン。食いしん坊なだけあって、料理は得意。なのでお弁当作りもとにかく早い。お弁当を作った後は、身支度を済ませ、その後のんびりたっぷり朝食をとる。細身な体型からは想像もつかないくらい、よく食べる。

「あ、もうこんな時間。今日最初のご相談者さんはと……」

そう言いながら、使いこんだピンクの革のスケジュール帳を眺めて確認。ビジネス自体は完全オンラインで、パソコンとスマホがあればできるのに、スケジュールは手書きのアナログ派で、毎年決まったスケジュール帳を愛用している。

「オリジナルのスケジュール帳の打ち合わせも進めないとだったわ」

そう言いながら、ノートパソコンを立ち上げて、Ｚｏｏｍをつなげた。

「おはようございます！　よろしくお願いします」

礼儀正しく明るく挨拶をして、顔を見せたのは今日１番の相談者、南川景子だった。

「おはようございます。石山ゆり子です。よろしくお願いします」

ゆり子が丁寧にあいさつを返すと、景子も緊張しながらも笑顔でペコっと会釈をした。

「景子さんは、私のこと、どうやって知ってくださったんですか？」

「私、起業してるけれど全然売上が上がらなくて、どうしたらいいかも全くわからなくて、ネットでいろいろと調べてた時に、ゆり子さんのアメブロやホームページを見つけたんです！　それですごいなって思って」

ネットで見て、すごいなと思った人が、いくらパソコンの画面の中とはいえ、今目の前にいることでドキドキとワクワクが入り混じった感情で景子は答えた。

「ありがとうございます。アメブロとホームページを見つけて、なんで私に相談しようと思ってくださったのかしら？」

「受講生さんの実績がとにかくすごいなって。私、やるからには絶対月商１００万円達成したいんです。ゆり子さんの受講生さんたちみたいに、成功したいんです！　だったらゆり子さんにコンサルをお願いするのが一番いいなって思ったんです！」

景子はこう答えながら、ゆり子のアメブロを見つけた時、こんなにもたくさんの人たちが、好きなことで起業して、月商１００万円、年商１０００万円、

2000万円を達成している人たちがいるんだとビックリ驚いた時のことと、私もそうなりたい♡　と心が躍った時のことを思い出していた。

「そうなのね。月商100万達成するのって、意外と簡単よ。でもね、甘くはないの。当たり前だけど努力は必要。何もしないで達成はできないもん。月商100万円達成するすべてのことは、私が責任持って教えるけれど、やるのはご本人。素直に行動することが大事なんだけど、景子さん、できるかしら？」

「もちろんです！　ゆり子さんに教えてもらったこと、素直に実践します！　私、ゆり子さんのアメブロで読みました。とにかく素直に大量行動ですよね！」

ゆり子のアメブロを隅から隅まで読みつくしていたので、ゆり子が伝えたいことはすべて頭に入っていたし、景子もその通りだと共感していた。

「景子さん、月商100万円達成するために必要な基本のキってわかる？」

ゆり子のこの質問は、継続のコンサルの受講が決まったら、必ず最初に伝えるもので、これが一番大事なことだと思っている。

「基本のキですか？　なんだろう……素直さとか、行動することとかですかね？」

アメブロに書いてあったっけ？　と思い出しながら、景子は答えてみた。

「ふふふ、アメブロよく読んでくれてるのね」

ゆり子はそう答えると続けて、

「間違いじゃないけれど、基本のキはね、諦めないことよ。月商100万円達成するためには、達成するまで絶対に諦めないことが一番大事なの。これが基本のキ。月商100万円達成するまで諦めなければ、絶対月商100万円達成できるからね」

なるほど♪　景子がそう声にしようとした時、

「景子さん、諦めずにできるかしら？」

ゆり子は景子の答えはもうわかっていながら、聞いてみた。

「もちろんです！　絶対月商100万円達成します！　諦めません!!」

不安が全くなかったわけじゃない。本当に自分にできるのかな……。

それでもやっぱり月商100万円達成したい！　何ならゆり子さんみたいに年商1億円とかいきたい！

不安だらけだけど、でも起業したいのに、どうしたらいいかわからなくて、何をしても上手くいかない自分にどんどん自信を無くして、自己肯定感ダダ下がりで悩んでいる、そんな自分を卒業したい気持ちがずっとずっと強い。ホントに月商100万円達成したいならやるしかない！

そんな葛藤を一瞬でしながら、景子は答えていた。

◇月商100万円達成できる人の特徴

景子の不安な気持ちを読み解くかのように、ゆり子は言った。

「大丈夫よ、景子さん、絶対月商100万円達成できるから」

え？　そ、そ、そうなの？　ホントに私できるの?!

なんでわかるの？　と言いたげな顔をしている景子のことはお構いなしに、

「だって、あなた素直そうだもの。それに意外と根性ありそうだし（笑）」

と続けると、

「私もそうだったから」

とニコッと笑った。

この子は絶対大丈夫。素直だし、がんばり屋さんなのが伝わってくる。だからこそ絶対月商100万円達成できるように全力でサポートしてあげなくっちゃ！

過去の自分を見ているような、ゆり子はそんな気持ちになっていた。かつて売上が少なくて、ビジネスに悩んでいた頃、知り合いの経営者の方に、同じことを言われたことがあった。

「ゆり子ちゃんは絶対成功するよ」

なんでそんなことわかるんだろう……気休めに優しいことを言ってくれているだ

けなのだろうか。その当時のゆり子は、そんな風に思っていたけれど、今はその経営者の方の気持ちがよくわかる。だって、こう見えて私も意外と素直だし、根性あったもの（笑）。

あの時、ホントに諦めなくてよかったし、素直に行動してきて今がある。ホントにホントに諦めず、素直に行動してきてよかった。

いつも受講生さんたちに言っている。

「私がビジネスで今の成果を出せたのは、諦めずに素直にただただやったから。それだけよ」

景子にも同じことを伝えた。

あなたも月商１００万円達成できるワークⅠ

◎あなたが月商１００万円達成したい理由は何ですか

◎あなたが月商１００万円を達成できた時に手に入るものは何ですか

第2章

月商100万円達成するための大事な順番

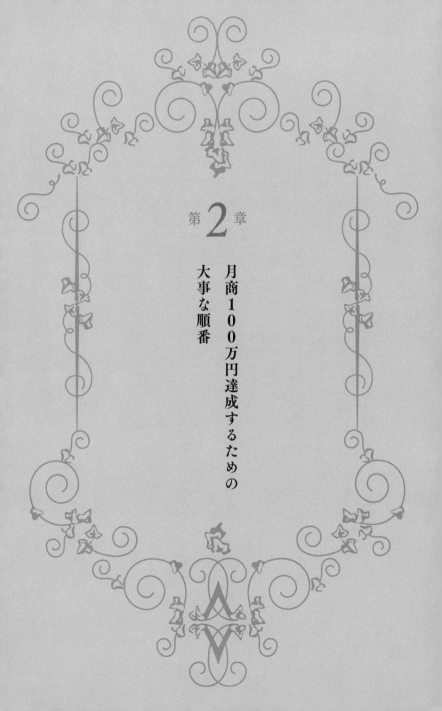

◇月商100万円達成できる売れる商品・サービスの全体設計

「売上を上げるためには、そのための設計からしっかり作っていくことが大事なの」

そう言うゆり子の言葉に景子は、え？　と思った。そんな設計、考えたこともなかったからだ。

「設計ですか？　何をどんな風に設計したらいいんでしょう……」

景子の質問に、そうよね、とうなずきながらゆり子は続けた。

「家を建てる時だって、いきなり建て始めないでしょ。まずは設計図を作るじゃない？　設計図の前にもっといえば、どんな家にしたいのか、どんな機能がほしいのか、そんなことを家主さんに伺ったり、住んでほしい人たちがどんなことを求めてるかしっかり聞いたり考えたりしてから、設計して、建て始めていくわよね」

確かにその通り。景子はうんうん、確かに……と首を縦に振り、うなずきながら、当たり前のことをしていなかった自分に気が付いた。

「私、自分がこれが売りたいとか、これがやりたいとかで商品やサービスを決めてました」

だから売れなかったのか……。

「そう、だから売れなかったのよ(笑)」

景子の心の声が聞こえたかのように、ゆり子は笑って言った。

そうとわかれば、自分のサービスの設計をしたい！　でも、どこからどうやって始めればいいのやら……。

「ゆり子さんのおっしゃることは、すべて納得です！　でも商品やサービスの設計って、何をどこからどうやっていけばいいのでしょう……」

素直に疑問をぶつけてくる景子に、ゆり子は優しくわかりやすく答えた。

「お客さまの悩みの解決になったり、ご要望が叶えられたりするような、そんな商品やサービスが何かをまず考えてみて」

そっか！　景子は、お客さまや世の中の役に立つことが、いいビジネスなのよと、ゆり子のアメブロに書いてあった言葉を思い出した。

納得できることばかりで、うなずきっぱなしの景子の首を見て、折れるんじゃないかとちょっと吹き出しそうになりながら、ゆり子は続けて質問を投げかけた。

「例えば、景子さんが熱々の美味しいコーヒーを入れるのがとても上手で、どんなコーヒーも美味しく入れることができる、そんなコーヒー名人だったとして、それを誰に売れば、喜んでもらえるのかしら」

わかりやすーーーーい！　ゆり子さんさすが！　心の中で叫びながら、

「もちろん、コーヒー好きな人、コーヒーにこだわりを持っている人に売ったら喜んでもらえると思います！」

わかりやすいゆり子の質問に景子はワクワクした。

「自分が、どんなお客さまの悩みの解決やご要望を叶えることができるのかを考えたら、その商品やサービスを求めている人に提供すれば、ほしい！　やりたい！　って購入してもらえるってことですよね」

得意げな景子の顔を見て、ゆり子もどんどん話を進めた。

「私のところに相談にいらっしゃる方たちの9割以上が集客に悩んでるの。集客できない、集客できるようにするためにはどうしたらいいでしょう？　ってご相談にいらっしゃるの」

この言葉に、景子自身もそのひとりなので、ゆり子に相談したくなる集客に悩んでいる人の気持ちもよくわかった。

「売上を上げるために一番最初にやることって何だと思う？」

ゆり子は景子の答えが何となくわかっていながら、それでも聞いてみたのは、コーチングの要素も取り入れながら、コンサルをしているからだ。

景子は待ってましたとばかりの表情で

「ゆり子さん、私これもアメブロで読みましたよ！　お客さまの悩みの解決やご要望を叶えるための商品やサービスを作ることですよね。普通はみなさん、集客だと思っているけど、それは違っていて、お客さまの悩みの解決やご要望を叶えるための商品やサービスがないと、せっかく集客しても売れないから、だからまずは、お客さまの悩みの解決やご要望を叶えるための商品やサービスを作ることが大事って書いてありました♡」

景子が集客と答えると思っていたゆり子は、景子の勉強熱心なところに改めて感心した。

「確かにその通りよ。商品やサービスがないと売るものがないし、集客しても売るものがないと売上は作れないわよね。それにいくら商品やサービスがあっても、お客さまがほしい！　やりたい！　と思ってもらえるような商品やサービスじゃなかったら、お客さまからご購入・ご契約していただけないからね」

ゆり子はそう言うと、お客さまにほしい！　やりたい！　と言っていただける商品やサービスを作るためにやるべき大事なことがあるのと続けた。

◇月商100万円に直結！

売りこまずに売れる本命商品・本命サービスの作り方

「そのためにはね、あなたがどんな悩みの解決やご要望を叶えることができる専門家なのかということを明確にすることが大事。そして明確にするだけじゃなくて、それを求めている人たちに、『景子さんはあなたの悩みを解決したり、ご要望を叶えることができる専門家なんですよ』ということを伝えていく必要があるの」

ゆり子が当たり前のことを教えてくれているのに、それが全くわかっていなかったし、できていなかったことをゆり子が言うと、すごく説得力があることに目をパチクリさせて景子は聞き入った。

「私、何にもできていなかったです。まずは私がどんな悩みの解決ができるのか、ご要望を叶えることができるのか、から考えていけばいいってことですよね。まず書き出してみて、ゆり子さんに送ります！」

次の日には景子からゆり子あてのメッセージに、どんな悩みの解決ができるのか、どんなご要望を叶えることができるのかということを書き出したものが送られてきた。

「さすが、すぐに素直に実践できてるわね」

そういいながら、真剣にそのメッセージを読んだあと、景子に次にやることをメッセージした。

「具体的に、何をどんな頻度で何回くらい商品やサービスをご利用いただければ、その悩みを解決したり、ご要望を叶えたりできるのかしら。サービスの概要を考えて送ってね」

きっとこれもすぐに返事がくるだろうと予想した通り、その日のうちに景子からのメッセージが届いた。

「ゆり子さん、大変です！　本当にお客さまの悩みを解決しようと思ったら、ある程度の回数を、あまり間をあけずに、商品やサービスをご利用いただくのが一番なんですが、そうなると、すごく高くなっちゃうんです……私のところへ来ていただけるお客さまたちは、特別なお金持ちというよりは、ごくごく普通の方たちですし、私自身が提供しているのも、ひとりでやっているサービスなので、そんな高額だと、お客さまは来てくれないと思うんです……」

ゆり子さん大変です！　という最初のメッセージに、何ごとだろうと思って読んでみたら、その続きはやっぱり予想通りだった。

「そうなると思ってたわ（笑）。近々またＺｏｏｍをおつなぎして、コンサルしますね」

常にたくさんの受講生さんを抱えていて忙しいゆり子だが、どんなに忙しくても、決して手を抜くことはない。時には愛をもって厳しくもあり、面倒見が良く、だからこそ絶対的な結果を受講生さんが出し続けていることに自信と誇りを持っている。これこそがゆり子が伝えている、お客さまの悩みの解決やご要望を叶えるためのサービスということを、身をもって受講生さんたちに体験してもらっているのだ。

コンサルの日、景子はちょっと浮かない顔をしていた。

「あら景子さん、元気ないの？」

「んーー……なんだか自信がなくなっちゃったというか、ホントに私がお客さまからほしい！　やりたい！　と言ってもらえるような商品やサービスが作れるのかなと思って……」

ゆり子の笑いながらの問いかけに、いつもなら一緒に笑っていた景子も、この時ばかりはそんな余裕がなかった。

「ちょっと景子さん、早すぎ（笑）。自信なくすの早すぎるって。ついこの間諦めないって言ってたのに、もう自信がないの？」

「ごめんなさい……そうなんですけど、お客さまの悩みを解決したり、ご要望を叶えたりするための商品やサービスを作ろうと真剣に考えれば考えるほど、どうしたらいいかわからなくて、私にお客さまの悩みを解決したり、ご要望を叶えたりすることができるのかな、本当にほしい！　やりたい！　って言ってもらえるのかなって、自信がなくなってきちゃって……」

「なるほどね、じゃ、どうしたら自信が持てるのかしら」

「ちゃんとお客さまの悩みの解決やご要望を叶えることができて、満足いただけたら……かな」

「そっか、そうよね。だとしたら、どうしたらお客さまの悩みの解決ができたり、ご要望を叶えたりすることができて、ご満足いただけるのかしら？」

「ある程度の回数を、あまり間をあけずに、商品やサービスをご利用いただくのが一番です！　そんな商品やサービスを提供していけば……」

とそう言った景子に続けて、ゆり子は質問をしてみた。

「そのための商品やサービスを作って提供するためには、ある程度の回数を、あまり間をあけずに受けていただく商品やサービスにする必要があるけれど、それなりの価格になってしまって、そうすると高くなっちゃうから、お客さまはご購入・ご契約してくださらないいんじゃないか、でも、頻度や回数を少なくしたら、ホントにお客さまの悩みの解決やご要望を叶えることができなくて、お客さまにご満足いただけるのか、自信がなくなってきた……ってこと⁈」

ゆり子のこの質問を受けて、ハッとした表情で
「私、なんかおかしなこと言ってますよね。どうしたらいいんだろう」

おかしなことを言っているのは理解できた景子でも、どうしたらいいかは全くわかっていない様子で、そんな様子を見てゆり子はひとこと、

「まずやってみたらいいのよ」

そう伝えた。

「だって、やってみないとわからないでしょ。景子さんが不安に思っていることはすべて、事実ではなく感情。ホントにご購入・ご契約いただけるのかって、これって感情であって、事実ではないわけ。そんな心配していても永遠に答えは出ないから、その答えを出すためには、やってみないとわからないと思うんだけど、どうかしら？」

ゆり子の言っていることとは、毎度毎度ごもっとも！　と納得せざるを得ない景子は、もうマイリマシタ！　と手を上げたくなるどころか、今すぐブラボー！　と拍手喝采したい気分で、ちょっと元気が出たのがわかる表情になっていた。

「景子さん、高いものはホントに売れないのかしら」

ゆり子の問いかけにどう答えたらいいのか、景子は言葉を選びながら、

「ゆり子さんのアメブロに書いてありました」

景子はゆり子が毎日情報発信しているアメブロを読みつくしているので、この模範解答もわかっていた。

「でも……」

「でも、私のところにくるお客さまたちは、そんなにお金を持っていないんじゃないだろうから、高いものは買わない、買えないってこと?」

「そうですね……」

ゆり子の質問に素直に答えた景子の歯切れの悪い返事に
「なるほどね。景子さんのお客さまたちは、そんなにお金を持っていないんじゃないかって、何を見ての判断? 着ているものや持ち物? それって……」

ここまでゆり子が言うと、慌てた景子は

「そういうわけじゃないです……ないけれど、確かにゆり子さんに言われてみると、知らず知らずのうちにそう判断していたんだと思います」

「まぁ！　失礼（笑）」

ゆり子の言い方に、ちょっとホッとしたのか

「ホントに！（笑）」

と景子の表情もやっと和らいだ。

「景子さんは私の継続コンサルを受けているわよね。景子さんにとって、私のコンサル費用ってお安かったのかしら？　それとも景子さんは、お金がいっぱいあるお金持ちだから、高いコンサル費用も払えたのかしら？」

「そうじゃないです。ゆり子さんのコンサルを受けることによって、私の悩みが解決できたり、こうなりたいって要望を叶えることができると思ったから、高くても受けたいと思ったし、そのお金を払うだけの価値があると思ったからです」

景子の答えに、何よ、わかってるんじゃないのと、ゆり子はニヤっとした笑顔を

向けた。

「だとしたら、景子さんのお客さまも同じなんじゃない？　景子さんの商品やサービスを利用することによって、悩みの解決や要望を叶えることができたら、景子さんのようにお金がいっぱいなくても（笑）、お金を払ってサービスを受けて、悩みを解決したり、要望を叶えたいと思うんじゃないのかな」

もうね、その通り！　としか言いようがないとばかりに、浮かない顔をしていた景子の顔が、みるみるとやる気に満ちていくのが、ゆり子にも伝わっていた。

◇月商100万円が現実になる商品・サービスが売れる提案力とセールス力

「いくらいい商品やサービスを作っても、売れなきゃ売上にはならないわよね」

そう言われた景子は、そりゃそうだと、その続きは何を言ってくれるんだろうと、期待しながらゆり子を見た。

「景子さんの商品やサービスが、ホントにお客さまの悩みの解決ができて、ご要望が叶えられるとしてよ、それをどうやって伝えていけば伝わるのかしら」

そう確かにいくら商品やサービスが良くても、それが伝わらなくては、悩みの解決ができたり、ご要望が叶えられたりすると理解してもらえないし、そしたらほしい！　やりたい！　とはならないよなと、景子は思った。

「そりゃそうですよね。で、ゆり子さん、どう伝えたら伝わるんでしょう」

景子はやや前のめりに聞いてみた。

「そんなの簡単よ」

「簡単?!」

「そ、簡単。お客さまにとっての価値を伝えればいいのよ」

あぁっ！　そうでしたそうでした！という表情で
「育毛の話だ！　ゆり子さんのYouTubeで見ました！　育毛剤は誰にどう売れば売れるのかって話ですよね」

と景子は答えた。

「そうそう、YouTubeも見てくれてるなら、話は早いわね」

とゆり子は続けた。

「めちゃくちゃ髪の毛が生えてくる効果的な育毛剤があったとして、これを売る営業マンになったつもりで、ちょっと考えてみて」

誰に売れれば売れるの？

どんな風に何を伝えれば売れるの？

景子はゆり子からの突然のフリに、素直に考えてみた。

「私がその育毛剤を売るなら、まず薄毛で悩んでいたり、髪の毛を増やしたいと思っている人に売りますね。その育毛剤を使うとどうなれるのか、髪の毛がどれくらい生えるのかということをお伝えして、その証拠として、使ってみて髪の毛が生えた人の写真や感想などを見せます」

「さすがね。優秀じゃないの。景子さん、その育毛剤、絶対売れるわよ♪」

別に育毛剤を売りたいわけでも、育毛剤の営業マンになりたいわけでもないけれど、ビジネスの師と仰ぐゆり子に褒められるのはとても嬉しい。

「自分が作った商品やサービスなら、よくわかっているかもしれないけれど、お客さまは、作った本人でもなければ、専門家でもないので、あなたの商品やサービスをどんな頻度で、どんな風に利用すると、どんな悩みがどう解決されたり、どんな風に要望が叶えられたりするのか、またそれが本当なのか、ってことを伝えていかないとわからないのよ」

ゆり子はそう言うと、景子に改めて聞いた。

「景子さんの商品やサービスは、どんなことで悩んでいたり、どんな風になりたいと思っていたりする人に、どんな風に何を伝えたら、売れるのか、もうわかったみたいね」

「なんだかできそうな気がしてきました！」

景子の楽しそうな返事に、こうやって、せっかく好きなことで起業したのに、上手くいかず、ビジネスに悩む方たちの役に立てることを、ゆり子自身のビジネスにできていることに嬉しい気持ちになった。

「ビジネスって、ホントに楽しいでしょ♡」

ゆり子のこの一言に、景子も本心から言葉が出た。

「ホント楽しいです♡」

あなたも月商１００万円達成できるワークⅡ

◎あなたの商品・サービスが役に立つ人が抱えている悩みは何ですか

◎その人は、どうなりたいと思っていますか

◎お客さまが、悩みの解決やご要望を叶えるためには、どんなことをどんな頻度で、どれくらいの回数や期間、利用したらいいですか

◎お客さまにあなたの商品やサービスをご提案するときに、どんなことをどう伝えたら、ほしい！やりたい！　と言ってもらえますか

第3章

月商1000万円達成できる集客のすべて

◇集客で一番大事なこと

ゆり子に教えてもらったことで、お客さまの悩みの解決やご要望を叶えることができる商品やサービスを作ることができた景子は、この商品やサービスなら、絶対お客さまの役に立てるから、ほしい！　やりたい！　と言ってもらえると自信が湧いてきた。

「ゆり子さん、自信を持ってお客さまにご提案できる商品やサービスが作れました♪」

景子からの連絡で、ゆり子は次のＺｏｏｍコンサルの日程を決めるために、返事を返すと、すぐに返信が返ってきた。先日のコンサルの時に、ゆり子のレスポンスの速さを見習って、景子も早く返事を返すように心がけていると言っていた通りの行動だった。

「ゆり子さん、お客さまの悩みの解決やご要望を叶えられる商品やサービスを作ることができたし、この間のコンサルで、ご提案やセールスのこともよく理解できたので、いよいよ次は集客ですよね！」

「そうね、今日は集客について、お伝えしていくことにしますね」

いよいよ集客のことを教えてもらえると思うと、ワクワクしてきたとばかりに、楽しそうな景子の表情を見るのはゆり子も嬉しい。

「景子さん、なんだか楽しそうね」

「だって、いよいよお役に立てるお客さまを集客していけるんだと思うと、嬉しくて♪」

ゆり子への相談内容で一番多いのが集客の悩み。どうしたら集客できるのか、わからなくて悩んでいるわけだから、こうして集客のことを教えてもらえることに対して、景子はワクワクしていた。

「まず集客で一番大事なことわかるかしら？」

「一番大事なことですか?何だろう……大事なことといっぱいあると思うけど、一番って言われると、何だろうって考えちゃいますね」

うーーーんとうなりながら、ゆり子からの質問に、腕を組みながら考えている景子がZoomをつなげているパソコンの画面に映っていた。

そんな景子に難しく考えなくていいのにと思いながら

「一番大事なことはね、景子さんがお役に立てる悩みを抱えていて、それを解決したいって思っている見込客の方たちを集客することよ」

と、ゆり子がそう伝えた。

「そっか、前のコンサルでゆり子さんが言っていた、コーヒーを売るならコーヒーが好きな人だし、育毛剤を売るなら、育毛したい人ってことですよね!」

景子は前のコンサルで言っていた、価値を感じてくれる人に商品やサービスを提案すれば、高くても売れるという、ゆり子の話を思い出した。

◇見込客を集客できる集客マーケティング

「見込客の方たちを集客することが一番大事ということはわかりました。どうやったら私が見込客を集客できるのか、それを知りたいです」

早く集客の方法が知りたくて、景子は前のめりになっていた。

「景子さんが集めたいお客さまは、普段どんなものから、どんな方法で情報を得ていたり、どんな言葉に響いたりするのかってことを考えてみて」

朝からコンサル続きのゆり子は、最近お気に入りの美容ドリンクを飲みながら、景子に伝えた。

ゆり子も50歳を超えて、アンチエイジングや美肌というキーワードには興味津々で、このドリンクの存在を知ってから飲み続けている。飲みだしてからは、明らかにお肌の調子が良くて、すっかりハマっていた。

「例えばね、私が今飲んでいるドリンク、結構いいお値段するんだけど、ちょっと前からハマってるの。私がこのドリンクをどうやって見つけて、どうしてこのドリンクを選んだかわかる？」

「ネットで見つけたんですか？」

「そう！ Instagramで見つけたの。これを売っていた人は、私のようにアンチエイジングや美肌に興味津々の人をターゲットにして、その人たちに響くような言葉や写真で、商品やサービスを魅せているわけ。だから私がそれを見て、ほしくなったってこと」

ゆり子の美容ドリンクの話を聞いた景子は、そういうことかと納得できた。

「私が集客したいお客さまが普段どんなものを見たり、利用したりしていて、どんな風に検索したり、情報収集したりしているのかってことを考えていけば、見込客が集客できるってことですね。となると、私はどんなものを利用して、集客したらいいんだろう……」

そんな不安そうな景子にゆり子は
「じゃ、今日は景子さんに、どんな集客方法があって、その集客方法がどんなことが得意で、どんなことが苦手なのか、どう利用していくと効果的なのかってことを伝えていくわね」

景子は、忘れないようにしっかりメモを取らなきゃと、ペンを握った。

◇集客の種類と特徴

「集客って、たくさん方法があるの。例えば、大きく分けると無料の集客と、有料の集客があって、アメブロやInstagram、Facebook、YouTube、Twitter、ワードプレス・ホームページなどなど活用した無料の集客だと、費用がかからないから、売上がなくて資金的にゆとりがない人でも始めやすいし、もし売上を作れなくても、マイナスになることはない。でも、コツコツ投稿する労力はかかる。

かたや、InstagramやFacebook、GoogleやYahoo!などのネット広告や、ホットペッパービューティーやエキテン、Eparkなどの集客サイト、チラシなど有料の集客は費用がかかるから、資金的にある程度投資ができる人じゃないと始めることができないし、売上を作れないとマイナスになる可能性もあるけれど、投稿の労力はかからない」

ゆり子が無料集客と有料集客の特徴をザーーッと大まかに説明すると、景子はサラサラとメモをした。

「アメブロやInstagram、Facebookには、それぞれ得意なこと、苦手なことがあるの」

ゆり子はそういうと、Ｚｏｏｍの画面共有をして、わかりやすく1枚の資料を見せた。

《アメブロの得意なこと》

◎女性起業家がターゲットのビジネスモデルの集客に向いている

アメブロを集客に活用している女性起業家が多いため、そういう方たちにあなたのアメブロ投稿を見つけてもらいやすい。

◎ファン化しやすい

文章をしっかり書いて、伝えたいことを伝えることができるし、画像、動画、リンクと、なんでも記事に取り入れることができるため、じっくり読んでもらいやすい。

《アメブロの苦手なこと》

◎拡散力が少ない

Instagram や Facebook などのＳＮＳのようにニュースフィードがないため、アメブロのアプリを立ち上げて、自然にあなたの投稿が流れてくる、みたいなことがない。

◎ＳＥＯに弱い

アメブロのＵＲＬというのは、例えばアメブロのビル全体の住所、つまりＵＲＬになっていて、その部屋番号のような形で１０１号室というような形で、アメブロの中の一つの部屋のように、あなたのＵＲＬが割り振られているため、Google などの検索でヒットしにくい。

《Facebook の得意なこと》

◎拡散力に優れている

ニュースフィードがあるため、Facebook のアプリを立ち上げたら、お友達になっている人のところには、あなたの投稿が流れやすく、投稿を見つけてもらうきっかけになる。

◎BtoCのビジネスモデルにも向いている

ビジネスをしていない一般消費者の方もFacebook はしているため、そういう方にも情報が届きやすい。

《Facebook の苦手なこと》

◎過去の記事をさかのぼりにくい

ニュースフィードで記事が流れていってしまうのと、あなたのアカウントページに目次のような投稿一覧がないため、投稿をさかのぼることが難しく、過去のいい投稿を見つけてもらいにくい。

◎Facebookをやっていない人に届きにくい

Facebook は Facebook をやっている人でないと、見ることができないため、Facebook をやっていない人には届かなく、見つけてもらいにくい。

《Instagram の得意なこと》

◎写真で世界観が伝えられるビジネスモデルに向いている

例えば、美容・グルメ・旅行・住宅・ペットなどのビジネスモデルは、変化が写真で伝えられたり、美味しそうなシズル感だったり、絶景の景色や、住んでみたい理想の生活スタイルだったり、かわいい動物の様子だったりを写真や動画で伝えやすい。

◎検索ツールとして使われることがある

Google や Yahoo! といった検索ツールと並んで、Instagram のハッシュタグをつけておくことにより、検索された時にヒットできるため、見つけてもらいやすい。

《Instagram の苦手なこと》

◎拡散力が少ない

ニュースフィードはあるけれど、フォローをしていない人には流れていくことがなく、人気投稿や検索で見つけてもらえないと、投稿を見てもらいにくい。

◎リンクできない

キャプション（投稿）や画像に飛ばしたい先のＵＲＬを貼ったり、埋めこんだりできないので、リンクができない。そのため Instagram から誘導することが難しい。

唯一リンクできるのは、プロフィールページのウェブサイトの項目のところだけ。

《YouTube の得意なこと》

◎映像と音声で伝えられる

動画なので、映像と音声で伝えられるため、伝えたいことが伝わりやすい。

◎SEO対策できる

SEO対策ができれば、検索でヒットしやすくなり、見つけてもらいやすい。

《YouTube の苦手なこと》

◎良くも悪くも雰囲気が伝わりやすい

動画慣れしていない人は、慣れない雰囲気が伝わることもある。

「なるほど！　こうしてみると、どのツールも特徴がよくわかりますね」

ゆり子が画面共有して見せてくれた資料と説明がとてもわかりやすかったので、自分はどのツールをどんな風に使えばいいのか、どんな風に使えば、自分が役に立てる、集客したい理想のお客さまを集客できるのか、ということを景子は頭の中でグルグルと考えていた。

「景子さんが集めたいお客さまが、普段どんなツールを利用していて、どんな投稿を読みたいと思うのか、どんな情報をほしいと思っているのか、ってことを考えてみると、どのツールをどんな風に活用したらいいかがわかるわよ」

「え?!　ゆり子さん、それ、今私どうしたらいいかなって考えてたところです！」

頭の中でグルグルと考えていたことが見えるかのように、ゆり子がヒントを出したことに、景子は一瞬びっくりしたが、ゆり子さんなら当たり前か……と納得できたし、ますます頼れる存在だということもよくわかった。

「もちろんどのツールを、どんな風に使ったら景子さんの集めたいお客さまを集客できるか、一緒に考えていくし、教えるから安心してね」

「ゆり子さんのサポートがあれば、成功したも同然ですね！」

「当たり前でしょ、私、受講生さんの売上を上げるのが趣味なんだから」

二人は顔を見合わせて笑った。


ゆり子は、いつもコンサルを引き受けるとき、自分がホントに売上を上げられるビジネスなのかどうか、ということを考えている。絶対的な自信を持って、売上を上げる方法がわからなかったら、当たり前だけれど、引き受けない。

もちろん景子のコンサルを引き受けたのも、売上を上げられる絶対的な自信があるから。そして、それを教えることはそんなに難しいことではないけれど、それを受講生さんたちができるように、しっかりサポートしていくことがとても大事だと考えている。


「それぞれのツールの特徴をお伝えしたけど、このツールを組み合わせて使っていくことが大事なの」

どういうことかっていうとね……とゆり子は次の資料をＺｏｏｍで画面共有しながら言った。

「ストック型とフロー型っていうのがあって、それぞれ組み合わせることによって、デメリットがカバーできて、相乗効果で集客しやすくなるってわけなの」

《ストック型》

◎アメブロ・YouTube・ホームページ

有益な情報を書いたり、撮って公開することにより、ネット上で検索され、見つけてもらうことができる。検索している人たちは、情報を探している方たちだから、お客さまになってもらいやすい。

ただ、検索でヒットするためには、有益な情報をたくさん発信していくことが最も大事なことになるため、立ち上げてすぐ、ヒットすることは少ない。

《フロー型》

◎Facebook・Instagram・TwitterなどのＳＮＳ

ニュースフィードがあるため、濃いつながりがある方たちのところへ流れやすく、早く多くの人へ情報を届けることができる瞬発力がある。

一方、検索で見つけてもらえることはほとんどなく、古い投稿は流れてしまうため、読まれる確率は、投稿した時が一番で、それ以降はあまり読まれない。

ふむふむと、うなずきながら聞いていた景子は、今まで自分が使ってきたアメブロや、Facebook、Instagram、YouTube のことがよく理解できた。

「ゆり子さん、つまり、ストック型・フロー型、それぞれの苦手なことを補って、得意なことを活かしていけば、相乗効果でより集客しやすくなるってことですね！」

「そう、その通り。この特徴を頭に入れて、次の話を聞いてね」

ゆり子は、景子がわかりやすいように、ひとつひとつ順番に話を進めた。

「集客をする上で、一番大事なことは、見込客の方たちを集客することよって伝えたと思うけど、景子さんがこの先集客に悩むことも、振り回されることもなく、売上・利益を上げていくためには、見込客の方たちを集客できる仕組みを作っていくことが必須なの」

「見込客を集客できる集客の仕組みですか？　そんな夢のような仕組みがあるんですね♡」

ゆり子のコンサルを受けると、なぜこんなにもワクワクするんだろうと景子は考えた。それは、机上の空論ではない、ゆり子が実際やってきたこと、そして結果を出してきたことを教えてくれているからだと思った。

　だからゆり子の言う通り実践していったら、間違いなく売上は上がるし、今の私のビジネスの悩みはすべて解決できて、月商１００万円が達成できるんだろうなということが、イメージできる。今は全然売上が少なくて、集客もできなくて、ビジネスのビの字もよくわかっていない自分でも、それが叶えられるということがイメージできるから、だからワクワクしてくるし、もっともっと頑張りたい！　チャレンジしていきたい！　と思えるんだなと。

「ゆり子さん、私、月商１００万円とれる気がどんどんしてきました！」

「え?！　月商１００万円なんて当たり前、通過点よ、通過点！」

　ＷＯＷ！　と声が聞こえてくるような景子の顔が、Ｚｏｏｍの画面いっぱいに映っていた。

◇月商１００万円達成する集客の仕組み

ゆり子のところに相談に来る方たちのお悩み№１は、集客だ。ゆり子自身も集客に苦労した時期があって、だからこそ、ゆり子はこの集客のことを徹底的に勉強して、トライ＆エラーを繰り返し、見込客を集客できて、売上を上げる仕組みを作ってきた。どんなビジネスモデルなのか、どんな人を集めたいかによって、集客に使うツールは違えど、この仕組みを作れば、見込客の方たちを安定的に集客できて、売上・利益を上げていくことができることを伝えながら、そのための集客フローなるものをＺｏｏｍで共有し、資料を見せながら続けた。

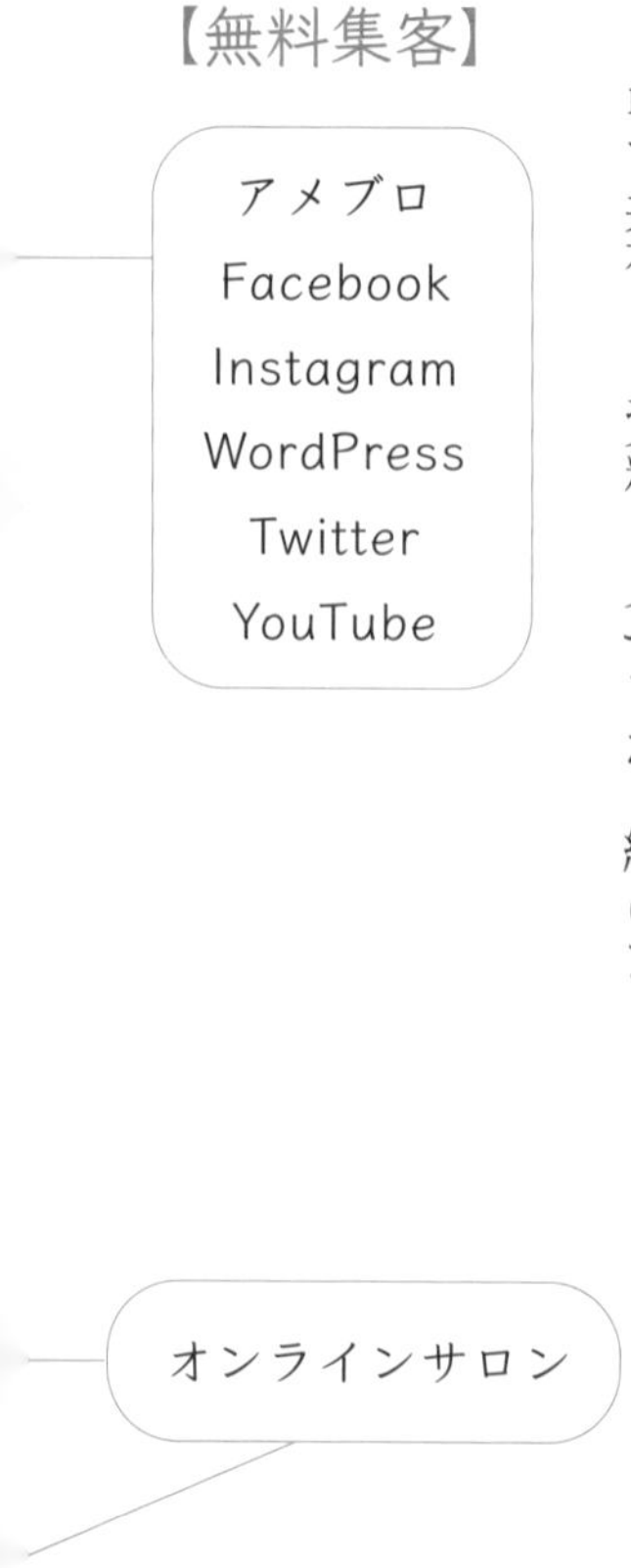

売上アップフロー

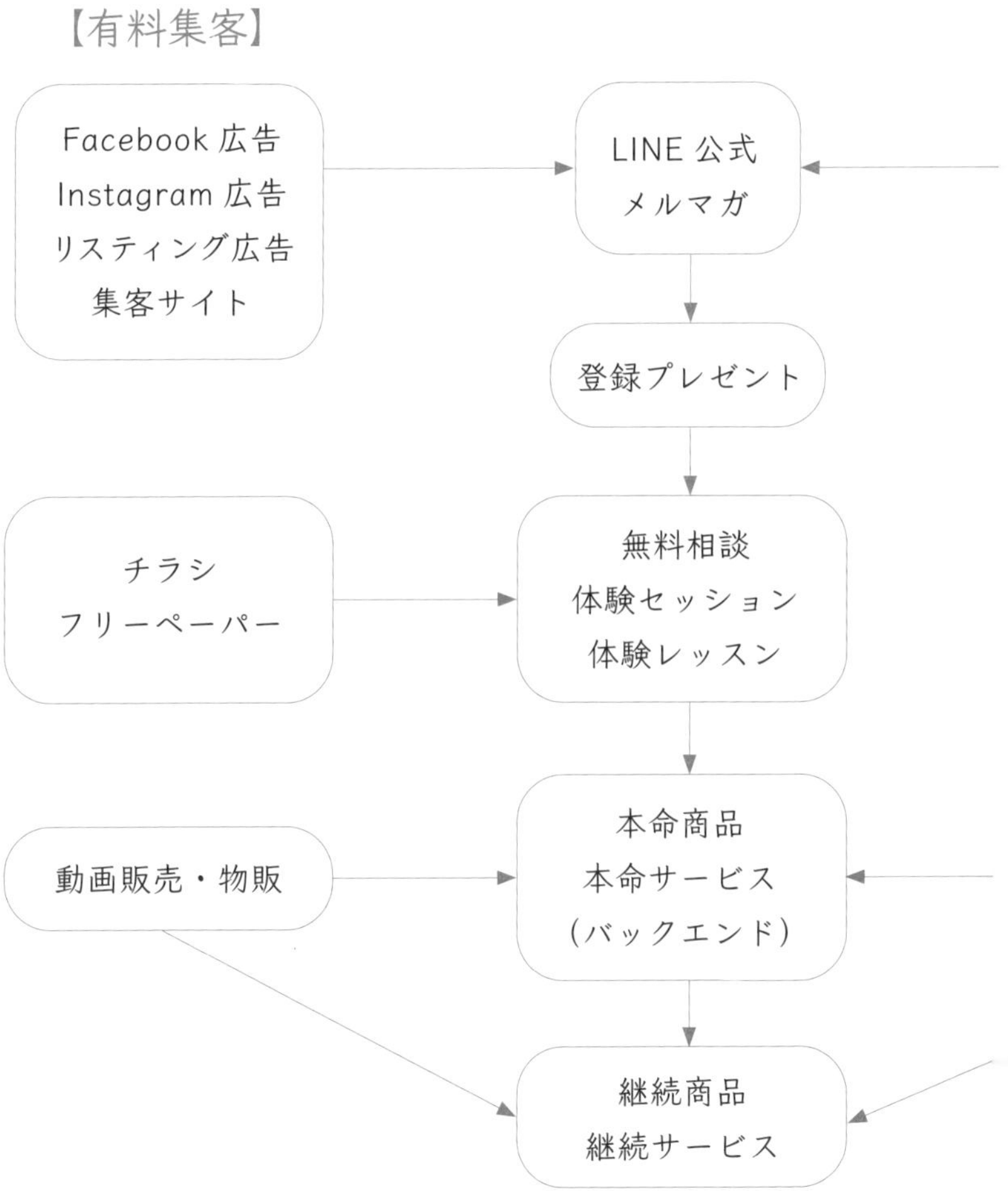
【有料集客】
Facebook 広告
Instagram 広告
リスティング広告
集客サイト
LINE 公式
メルマガ
登録プレゼント
チラシ
フリーペーパー
無料相談
体験セッション
体験レッスン
動画販売・物販
本命商品
本命サービス
(バックエンド)
継続商品
継続サービス

「これはね、売上アップフローって言って、景子さんがお役に立てる理想のお客さまである見込客の方たちを集客して、月商１００万円達成していくための集客〜ご成約の流れね」

そう言うと、ゆり子は一つひとつ説明を始めた。

「まず、景子さんが見込客の方たちを集客するためには、その人たちが求めている情報を、どんなツールを使って発信していくのかってことを決める必要があるんだけど、それは、どんなツールを使ったら、景子さんが見込客の方たちを集めることができるのかってことを考えて決めていくの」

ゆり子の説明を聞いている景子は、Ｚｏｏｍで画面共有された資料を瞬きをするのを忘れるくらい見入っている。

「例えば、集客っていうのは、大きく分けるとこの2つね。有料集客と無料集客があってね、有料集客の場合、費用はかかるけれど、素早くたくさんのお客さまに、こちらが届けたい情報を発信することができるの。

でも、費用がかかるので、しっかり学んだ上で利用しないと、売上よりも広告費が高くなって、赤字になる可能性も0ではないわね。とは言え、正しく利用すれば、とても効率のいい宣伝ができて、売上・利益が得られるわ。

かたや無料集客の場合、無料だから費用はかからないけれど、一つ記事を書いて、情報発信をしたからと言って、いきなりたくさんの人に、届けたい情報が届くことはあまりないの。

とは言えよ、ほら、私、3か月で月商100万円達成する専門家でしょ。だから、有料集客も赤字にならないようにできるやり方教えるし、無料集客でも、最短最速で売上が上がる方法を教えるから、どれでも売上は上げられるから、どの集客の方法でやっていくかは、景子さんが集めたい見込客がどんな人なのかで決めていきましょう」

月商100万円達成する専門家の言うことは、間違いない！

「わかりました！」

背筋をピンと伸ばして、景子が答えると、ゆり子は説明を続けた。

「アメブロや広告でいきなり何かを売ることはしないの。なぜなら、そんなことをしても売れないから。アメブロや広告の役割っていうのはね、自分のサービスを提供すると、お役に立つことができる見込客の方たちに、役立つ情報を届けるためのもので、とにかく与えることだけする、ということが大事なの。

そのうえで、アメブロや広告などの情報を読んだり見たりして、あ、この人のLINE公式やメルマガに登録しておいたら、自分にとって有益なのかもと思ってもらえるような導線を作っておくことが大事なの」

ここまで説明すると、ゆり子は大好きなおやつ、カラムーチョを口に入れた。

「え?! カラムーチョですか! ゆり子さん、カラムーチョ食べるんですね!」

おしゃれなチョコレートを一つ口に入れるように、カラムーチョをポイっと口に入れたゆり子は、何をそんなに驚くのかわからないという表情で答えた。

「食べるわよ、大好きだもの」

ゆり子はコンサル中におなかがどうしてもすくと、おやつを食べる習慣がある。

そんなおやつの中でも、カラムーチョとハーゲンダッツのマカデミアがお気に入りでちょいちょい登場する。

「景子さんも、食べながらでも、飲みながらでも、お好きにしていただいてＯＫよ」

そう言われても、ゆり子のコンサルの内容を理解して、自分のことに落としこんで考えることに必死で、おやつを食べたりしながらなんて余裕はなかった。けれどおやつをつまむゆり子のコンサルの雰囲気は堅苦しくなく、それでいて、がっつりビジネスのことを叩きこんでもらえるところが、ホントに受講してよかったと改めて思えた。

そんな景子のことはお構いなしに、さ、次に行くわよと、ゆり子はカラムーチョの手を止め、説明を続けた。

「ＬＩＮＥ公式やメルマガで見込客のリストを集めてから、どうするのかってことが、とっても重要なの。ここからが本番って感じなわけよ」

「ここからが本番なんですか⁈」

景子は、いいタイミングで相槌を打つのも上手になった。

「そ、いくらアメブロや広告を見てくれた人がＬＩＮＥ公式やメルマガに登録してくれても、それだけでは、売上にはつながらないの。だって、登録するのは無料なんだから。登録してもらうＬＩＮＥ公式やメルマガでステップメールってものを組んでおくの」

「ステップメールって何ですか？　メルマガとは違うんですか？」

「ステップメールっていうのは、登録した日から順番に、今日はコレを配信する、明日はコレを配信するって、いつに何を配信していくかをあらかじめ決めて設定し、配信することができるものなんだけど、ＬＩＮＥ公式やメルマガにステップメールを設定しておくことで、無料相談や体験セッション・お試し体験に来てくれる仕組みができるの」

なんともステップメールとやら、すごいものらしいということは、よく理解できたけれど、きっとそのステップメールの使い方やライティングにも秘密があるのだろうと、景子はそれも予想できた。

「アメブロやSNS・広告から、LINE公式やメルマガのステップメールに登録してもらうことで、集客の仕組み化ができるってことはとってもよくわかりました。それを私がどうやって書いたらいいか、どうやって組み立てていけばいいかということも、教えていただけるんでしょうか」

集客の仕組みを作りたいと思った景子だったが、自分ひとりでは、どうやって作ったらいいのか、また、ただただ作ればいいわけではないだろうし、とにかくゆり子のコンサルを受けている以上、ゆり子のアドバイスの通りにやったほうが、絶対上手くいくことがよくわかっていたので、具体的なアドバイスを求めた。

「もちろんよ！　まずは一度コレをやってみて」

そういうと、ゆり子からチャットで資料が送られてきた。

「このコンセプトプランニングのワークをを完成させて、私に送ってね。それを拝見したうえで、具体的に景子さんの、売上アップフロー、すべて一緒に決めていくからね！」

あなたも月商100万円達成できるワークⅢ

それぞれの項目にご自身のビジネスを当てはめて、
書き出してみよう♡

- 現在の月商・年商
- 現在のビジネススタイル
- プライベート
- 商品・サービス概要
- 期間と価格
- お客さまが得られる効果
- 効果が得られたお客さまの気持ちの変化
- 役に立てるお客さまが抱えている悩み
- 年齢・開業など
- 地域
- お客様はどうなりたいか
- 達成したい月商・年商
- 理想の働き方
- プライベート

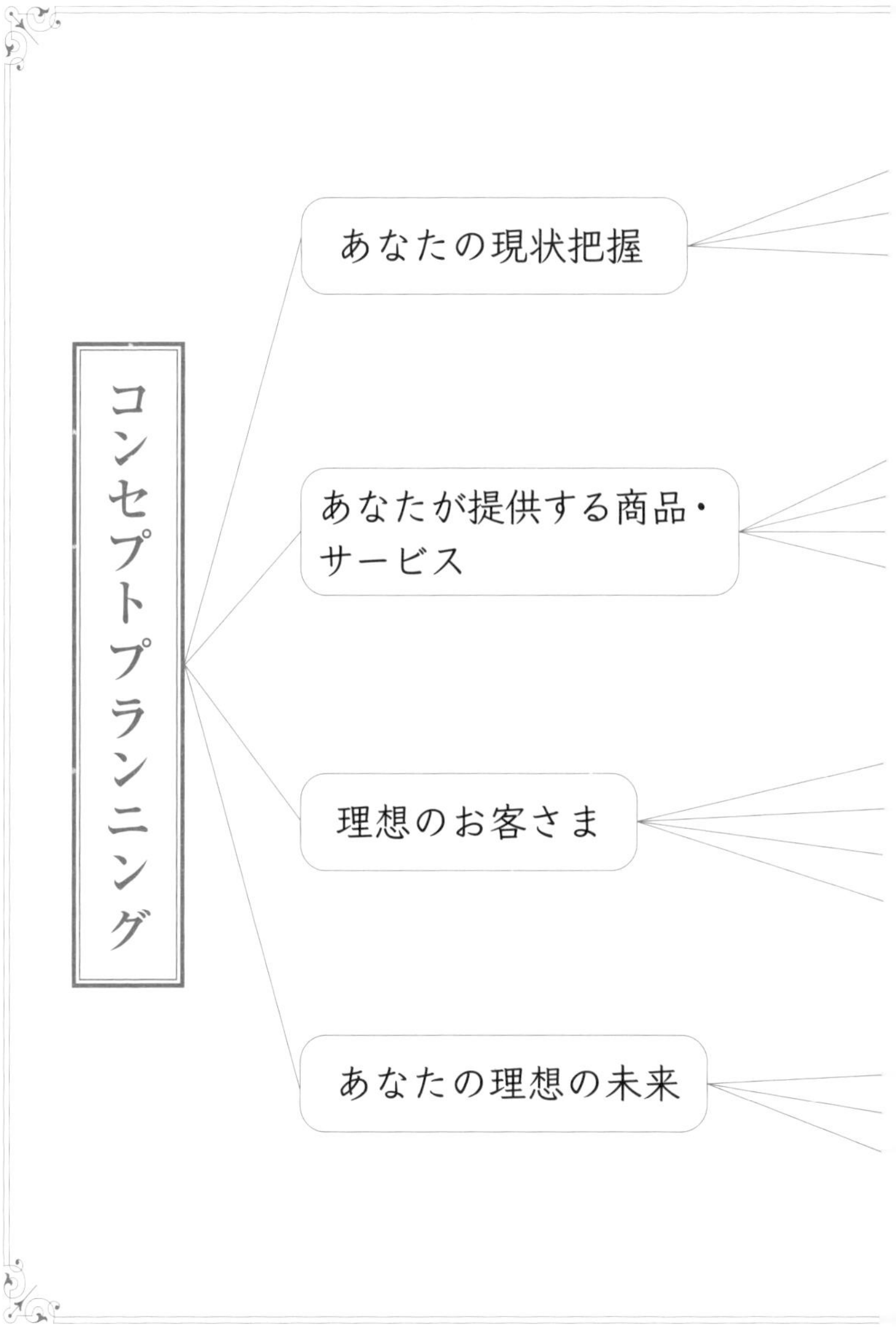
コンセプトプランニング
あなたの現状把握
あなたが提供する商品・サービス
理想のお客さま
あなたの理想の未来

ゆり子の熱いサポート力は、景子がゆり子のコンサルを受ける決め手にしたことだったし、過去の受講生さんたちも、松岡修造並みに全力だとインタビュー動画で言っていた。

「そうそう！　ゆり子さん、今まで月商100万円以上達成している受講生さんたちたくさんいらっしゃると思うんですが、どんな人がどんな風にして、月商100万円達成してきたのか、知りたいです♡」

「そうね、たくさんいるわよ！　ホントにみんなすごく結果を出されていて、ビジネスで夢を叶えて、人生変わったってイキイキしてるわよ！

月商100万円以上、毎月達成できている人たちがたくさんいるから、その中の一部だけど、例えばね、この受講生さんはね……」

と、ゆり子は今までの受講生さん一人ひとりを思い出しながら、景子が参考にできるように、月商100万円達成した女性経営者たちがどんな人で、どんなことに悩み、どんなことをやって、月商100万円を達成することができたのか、その軌跡のストーリーを話し始めた。

第4章

月商100万円達成した7人の女性起業家たちがやったこと

オンラインダイエットコーチ
白鳥《しらとり》百合奈《ゆりな》の場合

ステップメールで
集客～売上につながる導線で
売上アップを仕組み化

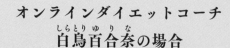

◇国家資格を持ちながら退職し、起業スタート！
崖っぷちから年商２３００万円のシンデレラ起業ストーリー

♡白鳥百合奈《しらとりゆりな》（27歳）の場合

ただ痩せるだけじゃない！　人生丸ごと思い通りにハッピーに、という思いを掲げて活動する『ダイエットコーチ』として、ダイエットに悩む女性をオンラインでサポート。

たくさんの女性たちの心と身体を思い通りにハッピーにしている。

今や認定講師を育成し、協会の仕組みも作り【年商2300万円】に。

経営者の彼との出会いもあり、プロポーズを受け、公私ともにハッピーな人生を謳歌中。

「百合奈さんが私を知ってくれたきっかけも、アメブロからだったって言ってくれてたわ。国家資格を持ち、病院で働く、明るく可愛らしい笑顔が素敵な、若いお嬢さんって感じの方でね、起業してどこかの経営塾に入っていたけれど、なかなか売上が上がらない、毎月安定的に月商１００万達成したい！　ってＺｏｏｍの相談に来られたの」

「百合奈さんって、わかります！　インタビュー動画で見たことがあります！」

ゆり子の発信している情報は、しっかりチェックしている景子は、いつか自分も、ゆり子のインタビュー動画に出られるようになりたい！　それくらい活躍できるようになりたい！　そんな風に思いながら、百合奈のインタビュー動画を見ていたことを思い出した。

「Ｚｏｏｍを使ってね、ダイエットをオンラインで教えているの。今でこそ、明るくて可愛らしい雰囲気で、スタイルもいいし、自信に満ち溢れた感じで、ダイエットを教えるビジネスをしているけれど、過去の百合奈さんは、身体はもちろん、心もどんより重い感じで、見た目も中身も自信がなくて、自己肯定感がめちゃくちゃ低くて、そんな自分がイヤだったんですって。だからこそ、自分のことを認められるようになりたい！　きれいになりたい！　と思って、痩せようと決めたんだって」

「すごい！　それでちゃんとダイエットできて、自分に自信を持つことができるようになって、今はそれを教えているってことですね！　そういう人、素敵です」

「そうそう、過去の自分と同じように、自分のことを受け入れられない自己肯定感が低くて、悩んでる女性を元気に、そしてきれいにしたい！　って想いがあるんだよね」

私の想いって何だろうと、景子は自分のことを振り返ってみた。なぜ起業しようと思ったのか、なぜ今のビジネスを選んだのか。そんなことを考えながら、ふと思った。

「そんな素敵な想いで、自分自身も痩せてきれいになって、明るくなれた百合奈さんなのに、ビジネスは上手くいってなかったんですか？」

「そうね、売上は平均すると20万円くらい。月商0円の時もあって、決して上手くいってるとはいい難い状況だったの」

しかしゆり子はすぐに続けた。

「でもね、なぜ上手くいってないかの原因は、お話を伺ったらすぐわかったわ」

「え?! すぐですか?」

景子のポカンとした口が閉まる前に、ゆり子は笑って答えた
「当たり前じゃない! 私、月商100万円達成する専門家だからね!」

「それで原因は何だったんですか?」

景子は先が聞きたくてしょうがなかった。今でこそ、年商2300万円を超えている百合奈さんも、そんな売上がない原因があったなんて聞いたら、勇気が湧くし、売上が上がらなかった原因の先の話もゆり子に聞けば、当然わかるわけだし、同じように真似したら私も年商2000万円いけるはず!

「ゆり子さん、やばいです私、もう、ちょっと興奮しすぎてクラクラしてきました」

まだ肝心な話は全くしていないのに、落ち着いてよ……とゆり子は景子の興奮を

なだめながらも、ゆり子自身もそういうタイプで、自分と似ている景子のことも、今までの受講生さん同様、諦めずに頑張るのよ！　と応援したい気持ちが更に強くなった。

＊売上が上がらなかった原因＊

◎ステップメールの機能を活かした使い方ができていなかった
◎集客～売上につながる導線ができていなかった
◎集客の仕組みができていなかった
◎お客さまに対してのヒアリングができていなかった

＊売上コミット解説1＊

◎LINE公式のステップメール

百合奈さんが配信していたステップメールは、売上につながる導線になっていませんでした。

そもそもステップメールというのは、アメブロや広告を見てくれて、さらに百合奈さんから情報がほしいと思ってくれるような濃いお客さまが登録してくれます。それなのに、そのお客さまたちに対して、百合奈さんがやっている相談会や説明会のご案内が自動で随時行くような導線になっていなかったのです。

つまり、登録はあれど、ただ登録しただけで終わっていて、たまに相談会や説明会などの案内を不定期で流すだけになっていました。

これは、とてももったいない……

なぜなら、ステップメールに登録した時の気持ちが一番熱くて、一番売上につながりやすいからです。

そんな一番気持ちが熱い時に、相談会や説明会のご案内をしていないのは、一番売上につながるタイミングのお客さまを集客しては垂れ流している、ザルの状態。

だからこそ、まずそこを変えて、ステップメールに登録していただいた見込客の方たちに対して、一番気持ちが熱い登録いただいたすぐの時に、相談会や説明会のご案内が、自動で届くようにステップメールを組みました。

そしてもう一つ大事なポイント。

百合奈さんのビジネスの見込客になりうる方たちは、ダイエットをしたい一般カスタマーの女性なので、その見込客の方たちの多くが利用しているＬＩＮＥでステップメールができるように、ＬＩＮＥ公式を活用し、登録いただいたら、自動で相談会や説明会のご案内が届くよう、集客・売上の導線を作り、仕組み化しました。

それによって、集客から売上につながる導線ができ、売上アップの仕組みが完成したので、月商20万円から、最高月商４００万超え、年商は２３００万円を超えることができたのです。

＊売上コミットポイント1＊

◎ステップメールで集客〜売上につながる導線を作り、売上アップを仕組み化

売上コミットアカデミー
認定コンサルタント
杉《すぎ》木《き》茉《ま》莉《り》依《え》の場合

Be me
in a way
that I can do
what
I can do

本当の意味の
お客さまファースト

◇高校教師から起業1年目で年商1300万円！
売上コミットアカデミー認定コンサルタントへの全貌

♡杉木茉莉依《すぎきまりえ》（33歳）の場合

柔らかい雰囲気と芯の強さを併せ持ち、コンサルタントになりたいとゆり子の指導を受けている『認定コンサルタント』。

ゆり子と出会い、コンサルタントの道に進むことを決意。元教員という経験から、コンサルタントのスキルものみこみが早く、わかりやすく教えることが得意で、担当する受講生さんの結果もバンバン出している優秀な認定コンサルタント。1年目から【年商1300万円】を超えている。

ゆり子のビジネスパートナーとして、なくてはならない存在。

「茉莉依さんは今や、私のビジネスにおいて、なくてはならない大事な存在のひとりで、認定コンサルタントとして、私と一緒に受講生さんたちの売上アップにコミットしたコンサルをしてくれているの。

彼女は賢いだけじゃなく、受け取ることも、伝えることも上手で、私からたくさんのことを吸収してくれて、担当の受講生さんたちに的確に伝えているし、茉莉依さん自身も、1年目から年商1300万円達成しているの」

景子は前から聞いてみたいことがあって、ちょうどその話になったので、今日は聞き忘れないようにしようと、すかさず聞いてみた。

「前から気になっていたんですが、その認定コンサルタントって、どうしたらなれるんでしょうか……」

「あ、認定コンサルタントはね、認定コンサルタント養成講座っていうのがあってね、それを受講してもらって、勉強してもらう形なの。コンサルタント起業したい方にはおススメよ」

「そうなんですね！　その講座受講したら、ゆり子さんのコンサルスキルを教えてもらえるってことですか？」

「もちろんよ。受講生さんが結果を出せる本物のコンサルタントに育てていくわ」

「私の友人で、コンサルタント起業したい人がいるんですが、ご紹介してもいいですか？」

景子は、先日会った友人が、コンサルタントになりたいと言っていたことをゆり子に伝えた。

「ありがとうございます。ぜひ♡　そうそう、茉莉依さんもね、ご紹介なの、一番初めの出会いは。茉莉依さんと私の共通の友人がいて、その人が私のことをご紹介くださったらしくて、アメブロから、お問い合わせいただいて、Ｚｏｏｍでお話することになったの」

「ゆり子さんはなぜ、認定コンサルタントを育成しようと思ったんですか？」

茉莉依との出会いを聞いていたら、景子は、ゆり子が認定コンサルを育成しようと思った理由も聞いてみたくなった。

「一番の理由は、それを求められたからね。認定コンサルタントを作ってほしいって。そもそも私がコンサルタントになったのも、起業相談をされることが多くなって、求められるなら、役に立てばいいなと思ったことがきっかけだったのよね。求められることの中でできることをやるのが、私は一番上手くいくと思ってるから。だから認定コンサルタントを育成してほしいと求められて、それを私もやりたくないとは思わなかったから、ならやってみましょうって感じかな」

ゆり子が言った、求められることの中で、やりたくないことではないことや、やりたいことをするのが一番上手くいく、というのが、景子にはすごく腑に落ちた。

「確かにそうですよね、求められることっていうのは、すでにニーズがあるってことですもんね！」

景子の納得のいった表情を見て、そうそうと、うなずいた。

「茉莉依さんは、全くコンサルタントの経験はなかったんですか？」

景子は不思議そうに聞いた。なぜなら、全く経験がない中で、1年目から受講生さんの売上を連続月商１００万円達成の実績を出せるなんて、すごいなと思ったから。

「そうよ、コンサルの経験は全くなかったわ。ちなみに今いる認定コンサルタントの方たちは、みんなコンサル経験全くないわよ。いいのよ、なくても。私が0から教えるから。受講生さんの結果を出せるコンサルタントになりたい！　本気で受講生さんたちの結果が出るように全力サポートしたい！　って気持ちがあれば。認定コンサルタントさんたちの受講生さんのことも、私が一緒にサポートしていくし」

「そっか、ゆり子さんのコンサルスキルを丸ごと受け継げるわけだし、ゆり子さんのサポートもあるなら安心ですね」

それなら友人にも自信を持って勧められるなと景子は嬉しくなった。

＊売上が上がらなかった原因＊

◎0から認定コンサルタントになったので、コンサルスキルがなかった
◎集客・セールス・コンサル、すべて未経験だった

＊売上コミット解説2＊

◎お客さまファースト

起業として、すべてが未経験だった茉莉依さんは、集客~売上につながる導線を作り、仕組み化したのはもちろんですが、コンサルタントとして一番大事なのは、自分の売上がどうとかよりも、お客さまである受講生さんたちの売上を上げていくことです。それが実績となり、コンサルタントとしての価値になるわけです。そう

なれば、集客もしやすくなるし、ご契約もいただきやすくなります。つまりは、自身の売上にもつながります。

これはコンサルタントという業種だけに限ったことではありません。

ビジネスで成功したければ、お客さまが求めている結果を出すこと。つまり、お客さまの悩みの解決やご要望を叶えて、お役に立つようにすることが重要。ビジネスとは、世の中やお客さまの役に立つことだからです。

私は普段、受講生さんたちにも認定コンサルタントたちにも、一番大事なこととして伝えているのが、このお客さまファーストです。お客さまファーストとは、お客さまの言いなりになることではなく、とにかくお客さまの悩みの解決やご要望を叶えるために、ベストなことをするというもの。

例えば、ホントにお客さまの悩みを解決するためには、あなたのサービスを利用することが一番いいということがわかった場合、そのサービスを自信もってご提案することは、売りこみではなく、お客さまファーストになります。

それが高額なサービスであったとしても、ホントにお客さまの悩みが解決できたり、ご要望を叶えることができたりするのなら、そうなりたいと求めているお客さまに、それをご提案しないことのほうが、意地悪なのでは？　と思うんです。

また、お客さまの悩みの解決やご要望を叶えるために、時にはお客さまにとって、耳が痛いような厳しいことをお伝えすることも必要な時もあります。ただただお客さまの言うとおりにすることがお客さまファーストではないし、それは本当の意味でいい商品・サービスではないと思っています。なぜなら、それではお客さまの悩みの解決やご要望を叶えることができないから。それだとお客さまの役に立っていませんもんね。

＊売上コミットポイント2＊

◎ビジネスとは、世の中やお客さまの役に立つこと
◎お客さまの悩みの解決やご要望を叶えるために、一番ベストなことをする

婚活コーチ
久本《ひさもと》幸《ゆき》美《み》の場合

Be me
in a way
that I can do
what
I can do

売りこまずに売れる
お客さまに役立つ
商品・サービスを作る

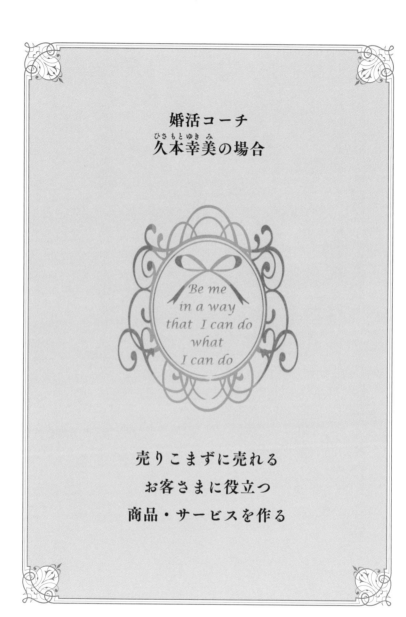

◇恋愛こじらせ女子だった過去の苦い経験を活かして起業1年目から年商1000万円になった軌跡

♡久本幸美《ひさもとゆきみ》（39歳）の場合

美人の見た目を裏切る、元こじらせ女子。恋愛をこじらせまくっていた過去を清算し、今は素敵なご主人との生活を謳歌中。過去の辛い恋愛経験も今やネタとなっている。

こじらせ女子の過去を強みに変えて、現在恋愛をこじらせている女性たちに向け『婚活コーチ』として、溺愛されるためのすべてをオンラインでサポート。起業1年目で【年商1000万円】。

毎日のように、受講生さんからの嬉しい報告が届いている。

「起業したいけれど、何からどうやったらいいかわからない。こんな相談をLINE公式のメッセージからいただくこともあるんだけどね、本来、何で起業したいのかということも決まっていない状態だと、ご相談いただいても、お役に立つのが難しい場合もあるから、あまりお受けすることも少ないの。だけど幸美さんはね、なぜか受けちゃったのよ(笑)。もうこれは、運命としか言いようがないと思うんだけどね」

そんな風にゆり子は、幸美のことを話し始めた。

「ゆり子さんは、ご相談を受ける受けないは、どんなところで判断されるんですか？」

「それは簡単よ、ご本人がどれだけ本気で、そのビジネスで成功したくて、どこまで行動できるか、そのビジネスがどれだけお客さまの役に立つのかってところで判断するかな」

迷いのないゆり子の答えに、ゆり子のこういうところもお客さまファーストなんだなと納得できた。

「幸美さんはね、何で起業したらいいかも決まっていないけれど、そんな私でもご相談することはできますか？　ってメッセージをいただいて、いいですよって送っちゃったのよね。なんか、すごくいい人のにおいがしたのよ、理由はわかんないんだけど（笑）。

Ｚｏｏｍをおつなぎして、初めてお会いした時に、いろいろ幸美さんのお話を伺ったら、もともと恋愛をこじらせていた経験から、自身を変えることによって、溺愛してくれる今のご主人と結婚することができたって成功体験を話してくれたの。

その時に、それよ、それ！　ってお伝えして、今まだ、恋愛をこじらせている現在進行形の悩み深きこじらせ女子たちに、幸美さんがやったことを教えたり、サポートしたりして、恋愛こじらせ女子を卒業して、溺愛結婚を叶えることができるサービスを提供してみては？　ということになったの」

「なるほど！　それで幸美さんは、どんな反応でしたか？」

「もちろんやりたいです！　って即答だったわよ。でも、できるのかなって不安もあるって言ってたわ」

「めちゃくちゃわかりますーーー！！！　私もおんなじでした！」

景子のわかりやすい反応がクセになっていたゆり子は、ふふふと笑いながら聞いてみた。

「どうしたら不安はなくなるの？」

ゆり子の質問に

「できるってことがわかったら……かな」

「じゃ、どうしたらそれがわかるの？」

「実際できたら……ですかね」

「そうよね、だとしたら、どうしたらそうなるのかしら」

ここまでゆり子に質問されるとよくわかる。答えは、実際やってみるから、できたという結果が手に入るわけで、そうなると不安はなくなるし、自信が持てるようになる。

「つまり、やったことがないことは不安だけれど、やってみないと不安はなくならないってことですね」

きっと幸美もこうやってゆり子に質問をされて、一歩を踏み出すことができたんだろうと、景子は改めて自分自身と重ね、過去の受講生さんの想いや行動がとても参考になるなと実感した。

＊売上が上がらなかった原因＊

◎起業したいと思いつつ、何からどうやったらいいかわからなくて、行動できていなかった
◎アメブロやSNSの知識がなかった
◎商品やサービスの作り方がわからなかった

＊売上コミット解説３＊

◎自身の成功体験から売れる商品やサービスを作る

幸美さんには、成功体験がありました。元恋愛こじらせ女子から、素敵な旦那さまとご結婚することができ、毎日溺愛されて、幸せな日々を過ごされているという、成功体験です。

ただ、お勤めをしていて、忙しい毎日を送る中で、旦那さまとすれ違う時間も多く、せっかく結婚したのだから、もっと一緒に過ごせる時間を増やしたいと思うようになりました。ですが、今のお勤め先ではなかなかそれは難しいことも理解していました。

ならば起業して、時間も収入も、自分でコントロールできるようになりたい！

そんな風な気持ちになったものの、起業って何からしたらいいの？　という悶々とした状態でした。そんな時、私のアメブロを見つけ、オンライン相談にお申込みいただきました。

ホントにこうなりたい！　という気持ちができたとき、人は行動に移します。ただただ頭の中で、こうなりたいなー、なれたらいいなーと思っているだけでは、思っているだけでしかなく、こうなりたいを叶えることができません。

幸美さんは、まず私に相談するところから始まり、不安もある中で、ホントにこうなりたいを叶えるために、具体的に行動することを決め幸美さんの成功体験が役に立つ方に向けて、アメブロやSNS、LINE公式で、情報発信し、売上アップフローの仕組みに沿って、幸美さんのサービスを作り、当てはめていきました。

売れる商品やサービスを作るときに大事なことは、お客さまの悩みの解決やご要望を叶えることができるかどうかです。

そして、それをほしい！　やりたいと思ってくれる人が、どんな人で、どんなものから情報を得ていて、どんな言葉や情報に惹かれるのか、これを考えて見せ方、伝え方を決めていきます。

幸美さんは、過去の自分だったら、どんな商品・サービスならほしい！　やりたい！　と思うのか、どんなものならお客さまの悩みの解決やご要望を叶えることができるのか、ということを徹底的に考えて形にしていきました。

＊売上コミットポイント3＊

◎お客さまの役に立つ商品やサービスを作る

◎過去の苦い経験からの成功体験を商品やサービスに活かす

毛穴専門エステ
福岡《ふくおく》佳純《かすみ》の場合

Be me
in a way
that I can do
what
I can do

売りこまずに売れる
ヒアリングとクロージングを
身につける

◇地方の店舗型ビジネスで年商2400万円！
コロナ禍でも高額サービスで契約率100％の負けない起業

♡福岡佳純《ふくおかかすみ》（47歳）の場合

地方のローカル線最寄駅から徒歩20分のマンションで、毛穴が見えなくなるエステサロンを経営する『毛穴の悩み』に特化して、大成功。【年商2400万円】に。高額コースの契約率も、常に100％で、一度彼女のサロンに行くと、病みつきになると評判のエステティシャン。今では人材育成も行っている。

典型的な亭主関白のご主人を持つ、小学生2人のママ。家事育児に忙しい毎日を送りながら、好きな美容で起業。妻としての自分、母親としての自分、そしてひとりの女性経営者として、生きがいとやりがいを持って取り組んでいる。

「佳純さんは私のところに来てくれた最初の時、どうなりたいか伺うと、月商200万円達成したいんです！　って、はっきり言われたの。月商100万円達成したいってご相談はよくあるんだけど、月商200万円って、最初から言われる方ってあんまりいなくて、それがすごーーく印象的だったの。しかもエステサロンだから、店舗型のビジネスだし、地方の決して都会じゃないところで経営されているし、月商200万円！　って、いい♡って私もウキウキしたのよね」

目標が高ければ高いほど、燃えるタイプのゆり子は、この時の気持ちを景子に語った。

「佳純さんは、スタッフの方とかいらっしゃったのですか？」

「いないわよ、ひとりでお店を経営されているひとり起業家さんよ。しかも小さいお子さんが二人いらっしゃるから、平日の朝から夕方までと、土曜日の午前中のみの営業。夜や土曜日の午後、日祝祭日は、お休みにしてるわ」

「それでも月商200万円を達成できて、しかも年商2400万円って、毎月安定して月商２００万円達成できてるってことですか⁈」

「そういうことになるわね」

それがとてもすごいことだということは、ゆり子自身もよくわかっているし、自身が関わらせてもらえたことで、受講生さんたちの圧倒的な結果につながったことが、ホントに何より嬉しい。

景子も、ゆり子の過去の受講生さんたちの話を聞けば聞くほど、ホントにこんなにも結果が出ている方たちがたくさんいるのなら、私にもできるはずだと、よくわからない自信がどんどん湧いてきている。むしろ、月商１００万円が達成できないわけがないとさえ思えてきた。

「佳純さんが悩まれていたことは、集客と契約率だったの。そもそもお店に集客もできていないし、少ない集客がやっとできたと思っても、継続のコース契約をしてくれるお客さまはほとんどいなくて、契約率は10％くらいしかなかったんですって」

「そういうお悩みって、とても多いと思うんですけど、これもまたゆり子さんに相談すれば、原因がすぐわかって、ちょちょいのチョイって解決する方法を教えてくれるってことですよね」

「あ、そりゃ私、その専門家だから（笑）佳純さんがお客さまの毛穴の悩みを解決できる施術ができるのと一緒だし、それを言うなら、景子さんがお客さまの悩みの解決やご要望を叶えることができるのと一緒よ！」

「そっか♪　ちなみに佳純さんはなぜ、お客さまに役に立つサービスを提供しているにもかかわらず、継続のコースの契約率が悪かったんですか？」

＊売上が上がらなかった原因＊

◎集客が少ない

◎Instagramからの集客ができない

◎継続コースの契約率が低い

売上コミット解説4

◎Instagramで見込客を集客し、売上につながる導線を仕組み化した
◎コース契約の契約率を上げるヒアリングとクロージングスキルを身につけた

佳純さんのお悩みは、集客と契約率でした。この原因は、見込客を集客できていないことと、ヒアリング・クロージングのスキルが身についていないことです。

そもそも佳純さんがホントに役に立てる見込客の方たちを集客できていないから、継続サービスの契約に至らないし、見込客の方たちを呼べていても、正しいヒアリングとクロージングの技術が身についていないから、せっかくの見込客の方たちに、佳純さんの価値が伝わっていませんでした。価値が伝わっていないから、継続のサービスのご提案をしても、高いだの、通う暇がないだの言われてしまい、ご契約に至らないわけです。

そんなことを言われないためには、佳純さんが提供しているサービスは、あなたの悩みが解決することができるサービスなんですよということを伝えていかないといけません。それを伝える時は、お客さまが聞きたい気持ちになっていることが大前提です。

どうしたら聞きたい気持ちになるのか。それは、佳純さんが持っている情報が、自分にとって、とても役立つ情報なんだという信用と信頼を、技術面と人柄面の両方からいただくことが必要です。

そして、信用と信頼をいただくためには、まずその見込客の方の話をじっくり伺い、その見込客の方がどうなりたいか、ということを知るところから始まります。これがヒアリングです。この正しいヒアリングができれば、見込客の方から信用・信頼を得ることができるので、あなたの悩みを解決するためには、このサービスが一番おススメですよという、ご提案が伝わります。これが正しいクロージングです。クロージングとは決して売りこむことではなく、お客さまの悩みの解決やご要望を叶えるためのベストなご提案なんです。

では次に、どうやって見込客の方たちを集客したらいいのかってことですが、エステなどのビジネスモデルの場合、店舗型という特徴と、施術後きれいになったかどうかを可視化しやすいという特性があるので、Instagram のように、地域に絞ったターゲティングができて、写真を使って可視化できるツールを集客の味方につけるということは、とても有効な手段です。そのため、Instagram で佳純さんがどんなことをしていて、どんな悩みの解決ができるのか、どんな人に役に立つことができるのかという情報発信を、徹底的に行い、見込客を集客することができるようになりました。

見込客の方たちを集客でき、正しいヒアリングとクロージングができるようになったので、集客と契約率の悩みが解決でき、佳純さんは月商２００万円を安定的に継続でき、年商２４００万円を地方の店舗型ビジネスで、しかもひとり起業で叶えることができました。

＊売上コミットポイント４＊

◎見込客を集客し、売りこまずに売れるヒアリングとクロージングを身につける

オンラインダイエットコーチ
一《いち》ノ瀬《せ》みどり場合

Be me
in a way
that I can do
what
I can do

お金のブロックを外して
商品・サービスの価値を上げる

◇今月売上があっても来月は安心できない不安を解消！ 年商1500万円超えを叶えた起業の実録

♡一《いち》ノ瀬《せ》みどり（36歳）の場合

姿勢を変えることでマイナス20歳若返ることができるダイエットをオンラインで教えている『ダイエットコーチ』で**【年商1500万円】**。

彼女が一声かけスタートした本気ダイエット部は、あっという間に100名超え。産後激太りした過去から、マイナス10キロ以上のダイエットに成功した独自のメソッドを使い、オンラインでたくさんの受講生さんたちをサポート。リバウンド知らずの体型を維持できると人気が高い。

そんな人気のメソッドを広げるべく、認定コーチの育成もスタート。

「百合奈さんが、みどりさんを紹介してくれたの。それで私のオンライン相談に来られたのが、コンサルを受けるきっかけになったの。百合奈さんから私のことをすごく勧められたって言ってたわ。いろんな経営塾に入っていたけれどなかなか売上が上がらなかった百合奈さんが、すごく売上が上がって、どんどん活躍されていく姿を目の当たりにしていたから、みどりさん自身も、ぜひ相談したいって思ってくださったみたいで。

みどりさんはね、無料相談の集客はできていたのよ。でも、ご自身のサービスを過小評価していて、なぜかやたらと安い金額で提示して、しかも契約率も低くて、どうやったら月商100万円なんて達成できるのか、私でも月商100万円達成できますか？　って不安そうだったのをよく覚えてるわ」

過小評価……景子自身、そうなりがちなところがあるので、みどりさんの気持ちもよくわかった。

「集客できているのに、契約率が低かったら、もったいないですね。売上につながってないってことですもんね」

「そうね。なぜそうなっているかっていうのは、もちろん見込客の方たちを集客できていないことと、正しいヒアリングとクロージングが身についていないことが原因なんだけど、みどりさんの場合、とにかくお金のブロック*と、自己評価が低いところが原因でもあったの」

「お金のブロック、ある人多いんですね」

景子は自身もかつてお金のブロックがあったので、共感はできる。

「みどりさんにはね、サービスの価格を3倍にしてもらったの」

「3倍?!」

3倍とは、それはすごい！　みどりさん、ゆり子さんにいきなりそんなこと言われて、ビビっただろうし、実際価格を3倍にすることに、勇気が要っただろうな……と、景子にもみどりの気持ちが手に取るように伝わってきた。

＊「お金に関する不利な思い込み」「お金を手に入れることへのストッパー」が潜在意識にあり、実際にお金を得られない、という概念のこと。

「そう、3倍。そしたらね、契約率が5倍以上に上がったのよ」

「え？　契約率が下がったんじゃなくて、上がったんですか？」

「そう上がるのよ。お金のブロックを外すと、ご自身のことを過小評価しなくなるし、サービスの価値を自信を持って伝えることができるようになるから、見込客の方たちに価値が伝わるの。だから価格を上げて、むしろ契約率も上がるってことね」

＊売上が上がらなかった原因＊

◎自身のサービスを過小評価していた
◎見込客を集客できていなかった
◎お金のブロックがあった

＊売上コミット解説５＊

◎アメブロ・ＳＮＳで見込客を集客し、売上につながる導線を仕組み化した
◎サービスの価格を３倍にした
◎見込客の方たちにサービスの価値を伝えた

自身のサービスを過小評価して、価値に見合わない価格でサービスを提供していたみどりさんは、それがお客さまのためになっていると思っていました。いいものを安く提供してるわけですから、お客さまに喜んでもらえると思っていたわけです。でも現実はそうではなかったようです。なぜなら、安く提供しているにも関わらず、お客さまに高いだの、できる気がしないだの言われて、契約に至っていないし、契約いただいても、まじめに取り組んでもらえずに、途中でやめてしまったりする人もいたとのことでした。ではなぜそんなことになったのでしょうか。

例えば、通常１００万円する本物のダイヤモンドの指輪が、１００円ショップで売られていたら、まずは本物かなって疑ってしまいますよね。偽物でも１００円ならいいかと、購入したとしても、それを大事にするでしょうか。１００万円出して購入したダイヤモンドと、１００円ショップで購入したダイヤモンド、プレゼントされるなら、どちらが嬉しいですか。

いいものとわかっていて、それが通常よりお値打ちに売られていたら、嬉しいけれど、「この商品やサービスは、ホントのところどうなんだろう」と思っている時に、あまりにも安い価格だったら、あ、それなりのものでしかないのね、だったら別に要らないわってなったり、また、安いから買っておこうと購入しても、そのあと大切にしなかったり、こんな風になってしまいませんか？　ということです。

この話は、必要以上になんでも高く売れということではなく、価値に見合った価格を提示することが大切で、そうしないと価値がお客さまに伝わらないですよ、ということです。

みどりさんは、価格を3倍にすることで価値と価格が見合って、見込客の方たちに価値が伝わり、契約率が当たって年商１５００万円を達成することができ、ご契約いただいたお客さまも、真剣に取り組まれて、ご要望通り、きれいに痩せることができ、リバウンド知らずの身体を手に入れられています。

＊売上コミットポイント5＊

◎自身のサービスを過小評価しない

◎お金のブロックを外す

オンライン小顔エステ
新海《しんかい》涼《すず》乃《の》場合

Be me
in a way
that I can do
what
I can do

できないをできるに変える
ビジネスオンライン化

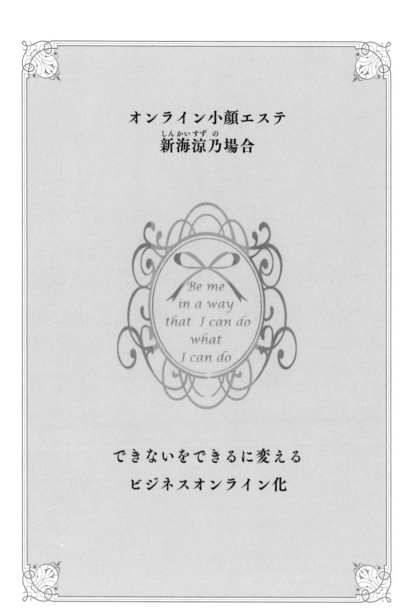

◇店舗型ビジネスからオンラインエステへ
働き方を思いのままにシフトして月商100万円連続達成中

♡新海涼乃《しんかいすずの》(43歳)の場合

大きくなった顔を救います！　のキャッチコピーで『小顔矯正のセルフケア』をオンラインで教えている。

もともと対面で施術を行っていたが、コロナ禍を機に、完全オンライン化。【連続月商100万円達成】

お客さまを小顔にすることはもちろん、インストラクターも育成。良妻賢母として、ご主人のお世話と、双子のお子さんの家事育児もこなし、家庭も円満。

「景子さんは、私のコンサルを受ける前に、他にどこかの起業塾に入っていたり、誰かのコンサルを受けられていたりしたことはあったかしら？」

「いえ、私は、ゆり子さんのほかにはないですね」

「そうなのね。私の継続コンサルを受けられる方の2／3くらいの方たちは、私のコンサルを受けられる前に、どこか他の起業塾に入っていらっしゃったことがあるんだけどね、涼乃さんもそのおひとりなの」

「みなさん、諦めずに頑張られているんですね」

「そうね、本気で月商100万達成できるようになりたい！　って涼乃さんも目に涙ためて話してくれていたわ」

景子も涼乃の気持ちが痛いほどわかった。景子自身、何度も涙が出てきてしまったこともある。頑張っても頑張っても、なかなか上手くいかず、月商100万円どころか、毎月何とか生活をやっていくのが精いっぱいな売上しかなくて、それでも諦めたくないという気持ちばかり空回りしながら、やってきた。

「私、涼乃さんの気持ち、よくわかります。月商100万円って、ただただお金がほしいとかじゃないんですよね。まぁ、お金もほしいんですけど、それだけじゃなくて、むしろそれより私にもできるんだっていう、達成感というか、自己肯定感というか、そういうものを感じたいというか、味わいたいというか……」

「わかるわ！　めちゃくちゃわかるわ、その気持ち！」

え？　ゆり子さんもですか？　と景子が聞き返そうと思う間もなく
「私もおんなじだったからね。もうね、涙なんて１００万回くらい流したわよ。私、ドライアイなのにさ、なんでこんなに涙出てくるんだ？　っていうくらい、もうダーダーよ」

そ、そ、そ、そんなに（笑）ゆり子さんにもそんな時代があったなんて♡

「なんか今私、ちょっと嬉しいです♡　ゆり子さんも一緒なんだって思ったら、勝手に親近感♪」

でも明らかに違うのは、ゆり子はそこから脱却して、今の結果を手に入れている。でも私はまだまだそんな風にはなっていない……。

「私、ゆり子さんみたいになりたいです！」

「なれるわよ、簡単よ、こんくらい。逆になってもらわないと困るわ。せっかくコンサルしてるんだから」

恐れ入ります……ゆり子の心強い言葉に、また勇気づけられた。

「涼乃さんは、まだ小さいお子さんがいらっしゃって、しかも双子ちゃんで、家事育児にも手がかかってたの。地方都市に住んでいて、駅近の便利な場所にあるレンタルサロンを借りて、小顔のエステをされていたんだけど、お子さんの送迎や家事もあって、ビジネスとの時間のバランスをとることが、ホントに大変だったのね。だから完全オンラインにしましょってご提案したの。集客もオンラインで完了するようにして、小顔の施術もオンラインで完了するようにしましょうよって。そしたら、まず第一に、レンタルサロンに通う時間が解消されるから」

「もともとはサロンでお客さまに施術を提供していたわけですよね？　それをオンラインでやるということは、セルフケアのやり方を教えるということですか？」

「さすがね、景子さん。そういうことよ。でもね、いきなりそれができたわけじゃないの。やっぱり私にできるんだろうかっていう不安もすごくあったし、ネガティブな発想になっちゃうことも多かったわ」

家事育児とビジネスのバランスを取りながら売上を上げていくことが、どれだけ大変かは、ゆり子自身が身をもって知っていた。ゆり子も小さい子供を抱えたシングルマザーとして、それでもビジネスで成功したい、いや、むしろそれだからこそ、成功したい、その想いがあったから、頑張ってこられた。けれどそれはやっぱり楽ではなかった。ゆり子のそういうバックグラウンドも景子はアメブロを見て知っていたし、だからこそ、涼乃のこともサポートできたのかなと思った。

「涼乃さん、結果的には、ネガティブな思考を乗り越えて、月商100万円達成できたんですよね？」

「もちろんよ！　そしたらね、最初、涼乃さんがビジネスやることに大反対していたご主人も、めちゃくちゃ応援してくれるようになって、今や、夫婦関係までよくなって、ビジネスもプライベートも満喫されてるわよ♪」

＊売上が上がらなかった原因＊

◎家事育児とビジネスのバランスで、ビジネスに時間があまり取れなかった
◎生活に合ったビジネススタイルが確立できていなかった

＊売上コミット解説６＊

◎オンラインで完結できるビジネスにシフトした
◎家事育児とビジネスのバランスが取れたことにより、家族の応援を受けられた

最初からとんとん拍子で上手くいく人もいるかもしれませんが、私が知る限りでは、そんな人は一握りで、今成功しているほとんどの方が、いろんな壁にぶち当たりながら、それでも諦めずに行動し続け、成功を手にいれられています。

私のコンサルを受講されている方たちの多くも、受講前はなかなか結果を出すことができずに、辛く悔しい思いを経験しています。

涼乃さんもそのおひとりで、私のコンサルを受けるようになっても、コンサル中に辛くなってしまい、よく涙を流されていました。それでも諦めたくない、その気持ちが強かったからこそ、今の涼乃さんがあります。

ビジネスを立ち上げた起業ママたちに共通する悩みは、家事育児とビジネスのバランスです。もっとビジネスに時間を使いたいのに、家事育児もしないといけない……時間のやりくりが、私自身もホントに大変でした。

そんな中、コロナが流行して、世の中からオンラインという新しい分野が確立され、オンラインを味方につけた人は、ビジネスを急成長させています。

私もそのひとりで、コロナが流行する何年も前から、集客もコンサルも、すべてオンラインにシフトし、そのおかげで売上を伸ばすことができていましたが、コロナ禍の中で、世の中にオンライン化の認識が広まり、より売上を伸ばすことができました。

コロナ禍でオンラインは、人に接触しないため、ウイルス感染しないことが一番のメリットですが、オンラインのメリットは、それだけではありません。

コロナ禍でなくても、オンラインのメリットはいくつもあります。その一つはこの涼乃さんのように、時間のメリットです。私もこのメリットがとても大きかったです。もう一つ、大きなメリットが、商圏が限られない、ということです。ビジネスをする範囲が広がるということですね。しかも、最初にかかる資金が全くかからないということは、どれだけ可能性が広がることでしょう。店舗をたくさん抱えたりする必要もないし、そのために時間を使うこともしなくていいので、資金をかけずに、すぐできるということです。上手くいかなくても損失も少ないということになります。これって、とんでもなく大きなメリットで、誰にでもチャンスをつかむことができるよってこと。

小さい子供を抱えて、家事育児に奮闘する、時間に追われるママや、狭い小さな商圏の地方に住まれている方など、一見不利な条件も、オンライン化することで解決できることがたくさん。すごい時代ですよね。

こんな時代だからこそ、オンラインを味方につけることで、涼乃さんのように、ビジネスのチャンスをつかむことが、誰にでもできます。

オンライン化を成功するためのポイントは、会ったこともない、触れたこともない人や物を、どうやって信用・信頼してもらえるようにするかということです。そのためには、あなたが信用・信頼してもらいたい人たちが、どんな人で、どんなものを見たり、聞いたりしたら、信用・信頼できるのか、それをどう発信していくのか、ここが要です。それを外しては、オンライン化成功はあり得ません。でも逆を言えば、ここを押さえていれば、オンライン化成功できるビジネスチャンスが、誰にでもあるということになります。

＊売上コミットポイント6＊

◎できないをできるに変えるビジネスをオンライン化

◎諦めずに前に進み続ける

婚活コーチ
岩《いわ》本《もと》汐《しお》音《ね》の場合

Be me
in a way
that I can do
what
I can do

強みを生かし
弱みをカバーする
仕組みを作る

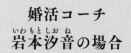

◇強みを生かし年商1000万円！理想の生活を手に入れた起業ママのチャレンジ

♡岩本汐音《いわもとしおね》（33歳）

痛烈な結婚→離婚から、アプリ婚活をスタート。絶対次こそは理想の結婚をする！　と心に決め、マッチングアプリで100人以上の男性と出会い、今のご主人を見つける。

過去には大手企業で営業ウーマンを経験するも、幼児を育てながらの復帰は難しいと断念。ならば起業しようと売上コミットアカデミーの門を叩く。

マッチングアプリで、どうやったら理想の結婚ができるのかを体系化。【年商1000万円】。

尽くさず溺愛結婚をコンセプトに、婚活に悩める女子たちに向けた『婚活コーチ』として、オンラインでサポートしている。

マッチングアプリで、どうやったら理想の結婚ができるのかを体系化。「尽くさず溺愛結婚」をコンセプトに婚活に悩める女子たちに向けた『婚活コーチ』として、オンラインでサポートしている。


「汐音さんも小さいお子さんを抱えてたから、私にご相談をいただいた時に最初からオンラインでやっていきたいって言ってたの。家事育児とビジネスのバランスを考えたら、絶対そのほうが時間のやりくりがしやすいと思うからって。でも、そのやり方がわからないし、前に別の方からコンサルを受けたこともあったけれど、その時はオンライン化とか考えてなかったし、ビジネスの形を作るまでに至らなかったらしいの。でも諦めたくないっていうご相談だったの」

「じゃ、ゆり子さんのところにご相談に来られた時は、まだビジネスとして形になっていなかったんですか？」

いろいろな受講生さんの話を聞いてきたけれど、短期間で年商1000万円を達成して、継続されていることはホントにすごいと思うし、尊敬の念しかない、景子は心からそう思った。そして、自分も絶対そうなりたい！　いや、そうなる！　そのために行動する！　という気持ちが最高潮に達していた。

「そう、だから景子さんもおんなじよ。今がどうであれ、そんなことはあんまり関係なくて、今ここからどうやっていくかが大事」

ゆり子はそう景子に伝えると、汐音の話を続けた。

「汐音さんは、お子さんを保育園に預けるのもコロナ禍で大変な時もあったけれど、それでも諦めずに今できることからやっていったの。お子さんのお昼寝の時間や、一日のことをすべてやり終わった深夜とか、そういう時間を使って、できることからやって、できないことは、どうやったらできるかを考えて、時にはお母さんやご主人にも協力してもらってやっていたわ」

「お母さんやご主人の協力があったんですね。それは心強い」

景子はまだ子供がいないから自分事ではないけれど、いつか子供ができた時に、そんな風に協力してもらえたらいいなと、想像した。

「でもそれはね、汐音さんが本気で頑張ってる姿を見せたからよ」

景子はその言葉にハッとした。周りが協力してくれたらいいなと、そこしか考えてなかったけれど、そうしてもらうためには、そうしたいと思ってもらえるようにならないと、ということには目を向けていなかった。ゆり子はそんな景子の心を読んでいたかのように、ちゃんと理解していた。ゆり子は景子に話を続けた。

「例えばね、道に停まっている車がいて、運転手さんは車から降りることもなく、たばこをふかしながら、スマホいじってる状況。そこに景子さんが遭遇したとするじゃない。さぁ、景子さんはどうしますか?」

「え? ど、ど、どうもしません……だって、困っている状況なのかもわからないし、停まりたくて停まっているだけなのかもしれないし」

「そういうことよ。この人、今どんな状況なのかもわからない、特に助けが必要かどうかもわからないってことよね。だからどうもしないし、そのままスルーってことでしょ」

「確かにその通りです！　汐音さんがホントに頑張ってる姿を見せたからこそ、お母さんも、ご主人も協力してくださったってことですね」

「もちろん、そもそもの家族関係ができていたからこそっていうのはあるけれど、真剣に取り組む姿を見れば、応援したくなるのが心情だからね」

そして、汐音が取り組んだことがもう一つあるとゆり子が話し出した。

「汐音さん、オンライン化して、家事育児をやりながら、たくさんご契約をいただけるようになったんだけど、そうなるとまた時間がひっ迫するわけよ。売れてきた起業家あるあるなんだけどね。それで受講生さんたちの満足度と得られる成果を下げずに、汐音さんの時間を増やすためにやったことがあるの。それが動画コンテンツよ」

ゆり子は、景子にもこの動画コンテンツを作っていくことを勧めた。

＊売上が上がらなかった原因＊

◎何をどこから取りかかればいいかわからなかった

◎自分の強みを活かせていなかった

＊売上コミット解説7＊

◎自身の苦い経験を強みに変えた

◎小さい子供がいてもできるよう、オンライン化と動画コンテンツを作った

汐音さんは離婚後、ご自身が婚活をされている時に、婚活アプリを駆使しまくって、素敵なご主人と再婚することができ、溺愛され、お子さんにも恵まれ、経済的

にも豊かに幸せな生活を手に入れることができている、婚活成功者です。

今のご主人と再婚する前の結婚生活では、元のご主人から、モラハラを受け、辛い離婚も経験されています。それでも諦めることなく、自身の幸せは自身で掴むと、婚活アプリをフル活用し、今の結婚生活を手に入れることができました。

そして、それこそが強みだから、それを前面に出した婚活コーチをしていこうと、私の初回コンサルを受けていただいた時に決めました。

汐音さんの強みは、実体験から得た婚活アプリ成功法ですが、弱みもありました。それが時間です。幸せな結婚生活が手に入ったからこそですが、家事育児の時間がどうしても取られます。そこをどう解決していくか、ということが汐音さん最大のテーマでした。

これは汐音さんだけがやっていることではなく、私のコンサルを受けている方たちの多くの方におススメして、その仕組みを取りこんでもらっていますが、そうすることで、ただ単に時間の切り売りをするだけでなく、限られた時間を有効に使うことができ、お客さまの満足度や成果を下げることなく、売上を伸ばしていくことができるようになります。その仕組みとは、動画コンテンツの仕組み。

これは動画コンテンツを売っていきましょうという単純なものではなく、（もちろんそれはそれとして、売上を伸ばす手段の一つですが）、お伝えしているのは、私のコンサルでも取り入れている仕組みで、これにより、受講生さんの成果を最短最速で出すことができる上、コンサルも必要な時に無制限で受けていただけるようになっています。

その仕組みが、「事前学習、または反転学習」というものです。ご契約をいただいて受講をスタートさせた受講生さんの方たちが、コンサルを受ける前に、大事なことを動画で事前に学び、わからないことや、解釈があっているかなど、コンサルの際に聞いてもらったり、確認してもらったりするというものです。

この動画コンテンツの仕組みを作ったからこそ、汐音さんも小さいお子さんがいても、家事育児とのバランスを取りつつ、限られた時間を有効に使ってお客さまの成果を出し続けることができました。だからこそ、その成果を知った新規の見込客の方たちから、信用・信頼をいただき、どんどん集客がしやすく、契約も決まりやすくなりました。そしてお客さまが増えても、動画コンテンツの仕組みがあるから、ビジネスを回していけたのです。

とは言え、それ以上にお客さまから求められる存在になって、向き合える時間も限界が来つつある汐音さんは、更なる仕組みを作っています。

それは、汐音さんが作った仕組み自体を利用してもらい、婚活起業したい人に提供するというもの。それによって、さらに多くの悩める婚活女子をサポートできることになり、たくさんのお客さまの役に立つビジネスモデルへ発展、汐音さんの売上もどこまでも伸ばすことができていく、というわけです。

＊売上コミットポイント7＊

◎強みを生かし、弱みをカバーする仕組みを作る

◎仕組みを作ったら、さらにその仕組みを広げる仕組みを作る

あなたも月商１００万円達成できるワークⅣ

◎あなたがビジネスをする上で、悩んでいることは何ですか？

◎月商１００万円達成できた７人の起業家さんたちのストーリーを読んで、あなたがビジネスの悩みを解決するために、具体的にどんなことをしたらいいですか？

最終章

あなたも月商１００万円達成できるカギ

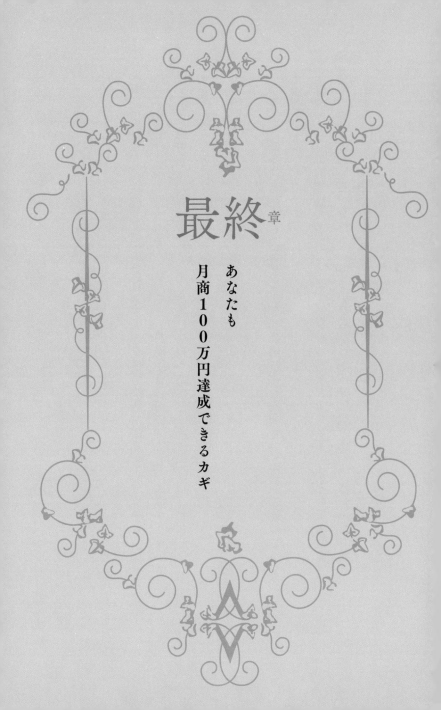

◇月商１００万円達成できる思考と行動

月商１００万円達成するために行動すると覚悟を決め、ゆり子のコンサルを受け始めた景子に、少しでも参考になればと、月商１００万円達成し、継続できている過去の受講生さんたちのストーリーを話し終わったあと、ゆり子は聞いてみた。

「どう？　参考になったかしら」

「はい！　ノウハウはもちろん、マーケティングも、マインドも、すごく参考になりました」

自身のビジネスと照らし合わせながら、真剣に聞き入っていた景子は改めてゆり子に聞いてみた。

「月商１００万円達成するためのノウハウって、ビジネスモデルやその人の環境によって違うと思うんですけど、ゆり子さんが0から今に至るまで、ビジネスで成果を出すために、一番大切にしてきたことって、どんなことですか？」

「そうね、一番大事にしてきたことは、私の理念にもなっている『私だからできることを　私にもできるやり方で　私らしく』

これに尽きるかな。

私にはもともと何にもなかったの。資格も、キャリアも、人脈も、お金も、時間も、ノウハウも、何にもなかったけど、唯一あったのは、とにかくこうなりたい！　って気持ちだけ。どうなりたかったかというと、月商100万円とかそういうことじゃなくて、もちろん月商100万円は、まずの目標ではあったけれど、こうなりたいっていうのは、精神的にも、経済的にも自立して、自分の力で人生を切り開けるようになりたいってことだったの。

こういう風にならないとダメってことではなくて、こうなりたい！　って思いつつ、そうなれていないことで、自分に自信がなかったし、自己肯定感がどん底に低くて、私なんて何の価値もない人間だって思って生きてきたのね。そんな自分がホントに嫌いだったけど、ずーーーっと仕方ない、それが私の人生、所詮、私になんて何もできるはずがないって諦めて、自分の気持ちにふたをして、見ないふりをして過ごしてきたの。でもシングルマザーになったことがきっかけで、いや、これじゃダメっしょ！　って、気づけたんだよね。

　今思うと、結局全部自分で決めて、自分で選んできた人生だったんだなって思うの。私の人生なんてこんなもん、私になんて何にもできるはずがないって、全部自分が勝手に決めていただけで、本当にこうなりたい！　って思うんだったら、そうなるために行動したのか？　って。オイ私、どんだけ行動したんだよって自問自答してみたら、さほど……いやいやほとんどしてませんよって答えが見つかっちゃったわけ。それでヤバいぞ私って思ってね、今までの行動が、今の人生を作っているなら、今からの行動が、未来の人生を作っていくわけじゃんねってことに気づいたの。ならどうしたいんだ私はって考えたら、今と同じ、自己肯定感が低くて、私の人生なんてこんなもん、私になんて何にもできるはずがないって思いながら生きる人生は、イヤだなって思ったの。できれば未来の私は、精神的にも経済的にも自立できて、自分の人生を自分で切り開くために行動し続けられる人になっていたい！　って思った瞬間に、何かスイッチが切り替わったのよね。ホントにパチンって切り替わる音がした気がするの。

だから、この『私だからできることを　私にもできるやり方で　私らしく』という理念に一番大事なことはね、まず、本当にこうなりたい！　できるようになりたい！　って思ったら、私にできるわけがない、私なんて無理、こうだからできないって、やる前からできない理由にフォーカスしないこと。それからこんな私でも、『こうなりたい！』を叶えるためには、どうしたらいいかな、どんな方法があるかなって、できるやり方を見つけること。そうしてその人らしく前に進んでいけば、『こうなりたい！』って未来は、こうなれたって現実に変えていくことができると思ってるの。

月商100万円は、ただの売上目標。それを叶えてくことは素晴らしいことだし、叶えたら次の目標に向かって、どんどんアップデートしていけたら、さらに面白いと思う。でも、本当にこうなりたい、できるようになりたい！　って思ったら、自分の力でこうなりたい！　って未来を、こうなれたって現実に変えていくことができるのよってことを伝えたくて、私はコンサルをしてるんだと思うの」

ゆり子が言った、『こうなりたい！　って未来は、自分の力で、こうなれたって現実に変えていくことができる』この言葉を忘れることなく、前に進みだした景子の今の行動は、こうなれたという未来につながっている。

おわりに

いかがでしたか。景子や、過去の受講生さんたちを通して、あなたも月商100万円達成するための覚悟を、決めることはできましたでしょうか。

景子も、過去の受講生さんたちも、そしてゆり子自身も、何もないところから、一歩を踏み出したことで、こうなりたいという未来を、こうなれたという現実に変えることができました。

ゆり子が最後に語っていた言葉を覚えていますか？『今までの行動が、今の人生を作っているなら、今からの行動が、未来の人生を作っていく』だとしたら、あなたはあなたの未来をどんな人生にしたくて、そのために今どんな行動をしたいですか？

ビジネスは世の中やお客さまの役に立つことです。世の中やお客さまの役に立って、喜ばれ、月商100万円が達成できます。こうなりたい！　を叶えていくことによって、自分に自信が持てるようになり、自己肯定感も高めていける。そしてまた、成長したあなたが、さらに世の中やお客さまの役に立ち、喜んでもらうことができる。ビジネスってなんて楽しいんだろう♡

ビジネスを頑張りたいと思っているたくさんの人に、ここに書いたことが少しでもお役に立てるのならば、そんな嬉しいことはありません。

私自身、何もないところから、ひとりで始めたビジネスですが、今こうして本を手に、お読みいただける方たちがいること、そして、「売上コミットアカデミー」の受講生さんをはじめ、認定コンサルタントの方々、いつもサポートしてくれている秘書の方、私のビジネスにご協力いただいている各専門分野の方々に感謝の気持ちでいっぱいです。本当にいつもありがとうございます。

これからも、求められることに精一杯お応えできるよう、『私だから

できること』を私にもできるやり方で　私らしく　お役に立てるよう、
成長していきます。

２０２１年９月

売上コミットコンサルタント　とみたつづみ

【本を購入してくださった方限定特典】

ご購入者専用公式ＬＩＮＥアカウントにご登録いただき、限定Ｚｏｏｍセミナーやグループコンサルティングのご招待特典をお受け取りください♡

セミナー日程やその他詳細は、ご登録いただいた公式ＬＩＮＥにてご案内いたします♪

普段「売上コミットアカデミー」でしか受けられない、とみたつづみの限定セミナーやグループコンサルティングが受けられます。

そしてさらにさらに、30分の無料個別セッションが受けられる特典もご用意しています！

こちらからご登録ください。

《ご購入者専用公式ＬＩＮＥ》

@641bjwgn

https://lin.ee/SyIHFCY 月商１００万円情報を毎日発信

【とみたつづみのアメブロ】

https://ameblo.jp/tsudumido

とみたつづみ　アメブロ　で検索！

月商１００万円情報を動画でわかりやすく配信

【とみたつづみのYouTube】

とみたつづみ　YouTube　で検索！

https://www.youtube.com/channel/UCHuSELHgkrHSCQ-rDuDjbhw/featured

売上アップのノウハウがいっぱい

【売上アップの教科書】

https://uriageup-book.com/

売上アップの教科書　とみたつづみ　で検索！

とみたつづみ

株式会社つづみプロジェクト 代表取締役社長
パーフェクトコンサルティング合同会社 代表
売上コミットアカデミー（UCA）主宰
認定コンサルタント養成講座主宰

0から起業して、0円集客で年商1億円を達成。『0円集客で売上1億円』の著書でもあり、【3か月で月商100万円達成する専門家】として、年間1000名以上の経営相談を受ける人気経営塾の代表を務めるコンサルタント。

受講生さんが数か月で月商100万円〜400万円、年商1000万、2000万円を超える結果を毎月安定して出し続けることができる、誰にでもわかりやすい、再現性の高いカリキュラムが好評。


得意な料理をもてなしていたことがきっかけで、友人からの依頼で始めた料理教室を経て、42歳で料理家として起業。

人気テレビ番組の料理コーナー監修・飲食店のメニュープロデュースなどを手掛ける。

料理家として起業し、仕事をしていく中で、多くの女性起業家から、売上、経営の相談を受けるようになったことで、コンサルタントに転身を決意！

実績作りのひとつとして、エステサロンを経営。月商100万円以上を毎月達成。

自らの実績を基に、売上アップにコミットした「売上コミットアカデミー」をスタート。


Zoomという、インターネットを利用したテレビ電話システムで、国内外に受講生さんを抱える経営塾を主宰。多くの起業家の売上アップにコミットし続けている。

現在は、認定コンサルタントの養成や、協会のプロデュースなど、組織作りにも注力している。

とみたつづみの本シリーズ

『0円集客で売上1億円』

ぶっちぎりで成功したい

ひとり起業家の教科書

あなたも月商《げっしょう》100万円《まんえん》

好きなことで起業《きぎょう》して月商《げっしょう》100万円達成《まんえんたっせい》したい人《ひと》のビジネス超解説《ちょうかいせつ》！

2021年9月21日　初版第1刷

著　者　とみたつづみ

発行人　松崎義行

発　行　みらいパブリッシング

〒166-0003 東京都杉並区高円寺南4-26-12 福丸ビル6F

TEL 03-5913-8611　FAX 03-5913-8011

https://miraipub.jp　MAIL info@miraipub.jp

企　画　田中英子

編　集　みらいパブリッシング 編集部

発　売　星雲社（共同出版社・流通責任出版社）

〒112-0005 東京都文京区水道1-3-30

TEL 03-3868-3275　FAX 03-3868-6588

印刷・製本　株式会社上野印刷所

ISBN978-4-434-29458-7 C0034